アルコールで走る車が地球を救う

脱炭素の救世主・バイオエタノール

本間正義　横山伸也
三石誠司　小島正美

毎日新聞出版

はじめに

「アルコールで走る車が地球を救う」。本書のタイトルである。ここでいうアルコールとはエタノールのこと。では、なぜ今エタノールなのか。それは、植物由来のバイオエタノールを自動車や飛行機などの燃料として使えば、いますぐにでも二酸化炭素（以下CO_2）削減の救世主になりうるからだ。

救世主は電気自動車（ＥＶ）ではないのか。いや、ＥＶには巨額のインフラ整備が必要だが、バイオエタノールはそのままガソリンに混ぜるだけでいい。ならば、国産のエタノールは作れないものか。耕作放棄地を利用したコメはどうか。エネルギー自給率も上がり、食料安全保障にもつながる。

本書ではこのようにエタノールが持つ多面的な顔を紹介し、エタノールがCO_2削減にいかに貢献するかを様々な角度から論じる。ただし、単なるバイオエタノールの解説本ではない。バイオエタノールを通じて脱炭素社会の意味と、持続可能な社会の実現にむけて、私たちは何ができるのかを併せて考える。

　環境問題やエネルギーに関する用語にはカタカナが多い。リニューアブル、リジェネラティブ、サステナブル、カーボンニュートラル、バイオマス、バイオエタノールなどなど。さらにはアルファベットの略語で表記されるものも多い。ＳＤＧｓ（持続可能な開発目標）、ＧＨＧ（温室効果ガス）、ＥＳＧ（環境・社会・ガバナンス）、ＧＸ（グリーントランスフォーメーション）、ＳＡＦ（持続可能な航空燃料）と数えればきりがない。そもそも、エネルギー自体がカタカナである。これらの用語はメディアで多く登場し、それゆえ意味は正確に知らずとも、普段の会話で口に出すことも多い。だが、果たして一般にどこまで理解されているのだろうか。

　一方、専門家や技術者は、一般の市民がどれだけの知識を有し、環境問題やエネルギーをどうとらえているのか、わかっているのだろうか。上記の用語にしても、知っていて当然と思い、語りかけていることはないだろうか。

　温暖化ガスの増大による気候変動が地球温暖化をもたらしていて、温暖化ガス、特に二酸化炭素の削減が世界的な課題となっていることは知っている。しかし、それは石炭や石油を用いてきた工場や電力会社の問題と思ってはいないだろうか。いや、ガソリンを減らすためにハイブリッド車が普及し、最近は電気自動車が人気なことは知っている。また、ごみの分別や容器のリサイクルはすでに誰もが行っている。なので、私たちは十分環境問題やエネルギーに関わりをもって気候変動に対処している。

しかし、それだけでは足りないのだ。今、求められているのは私たちの生活のあり方、ライフスタイルの見直しなのだ。それゆえ、環境問題やエネルギーについてもっと知りたい。専門家や技術者の言うことをきちんと理解したい。その上でCO_2削減のために何ができるかを考えたい。本書はそのような方々に向けて書かれている。

本書はアメリカ穀物協会の下で組織された「バイオ燃料検討会」での研究が下地となっている。検討会には、バイオ燃料に詳しい化学工学の専門家や、農学、経済学、社会学が専門の学者、ジャーナリスト、調査・コンサルティング、サイエンスコミュニケーションに関わる方々が参加した。このように、広い分野からの参加者を得たことで、検討会の議論は深みを増した。それぞれの立場によって、エネルギーや環境問題のとらえ方が異なる。バイオエタノールとはそもそも何なのか、カーボンニュートラルの意味は、といった基本認識から始まり、検討会を重ねるごとに周辺の科学や社会との関わり等へと議論が深まっていった。専門家・技術者の説明とそれに対する他分野の参加者からの質問・コメント、そして全員による討論は、共通の科学的理解をもって合意形成を行うことの重要性を再認識させるものでもあった。

本書がバイオ燃料を超えて、脱炭素社会のあり方にまで踏み込んで構成されているのは、検討会での議論の成果であり、本書の執筆者とはならなかった検討会の他の参加者の貢献が大きい。あらためて感謝を申し上げる。

本書は5つの章で構成されている。第1章「エネルギーのこれまでとこれから」(本間正義)では、エネルギーとは何かから説き起こし、日本のエネルギーの変遷、今日のエネルギー政策や気候変動対策としてのカーボンニュートラル、それを実現する上で重要な再生可能エネルギー、そしてバイオエタノールの役割を論じている。また、バイオ燃料についてまわる「食料か燃料か」の議論の整理も行っている。さらに、脱炭素社会に向けて私たちの生活スタイルを変えることが求められるが、それが「あたりまえ」となるような取り組みが必要だとしている。

第2章「バイオエタノール燃料」(横山伸也)では、カーボンニュートラル性をもつバイオエタノールの役割、特に自動車用燃料としての重要性を示した上で、バイオエタノールの化学的性質について詳説している。また、世界のバイオエタノール市場を概観し、米国のトウモロコシ、ブラジルのサトウキビの動向を議論している。その上で、国産のバイオエタノール生産の可能性を検討する。耕作放棄地を活用すれば、国産のエタノールは2040年でガソリンに10%混合するために必要な量の3分の1程度を賄うことができると試算する。後半では、エタノールの製造法や世界の混合ガソリンの導入状況等が述べられている。

第3章「エタノールで走るハイブリッド車は電気自動車に勝てるか!」(小島正美)では、電気自動車(EV)とハイブリッド車に焦点を当てて、どちらが真に脱炭素に貢献するのかを議論しているが、まず前半では、米国でのバイオエタノール業界の実態を、米国視察の様子と併せて記している。日本ではなかなか伝わらないバイオエタノール生産過程で生じたCO_2の地下貯留やCO_2の利用の今日の技術は貴重な情報である。本題の比較については、原料の採掘から車や電池の製造、走行、廃棄に至る全工程で発生するCO_2

の比較を行うと、ハイブリッド車がエタノール燃料で走れば、EVに全く見劣りしないとしている。

第4章「『コメ』と『トウモロコシ』の潜在力」(三石誠司)では、米国のトウモロコシと日本のコメの類似性を歴史的にひも解いてから、米国のトウモロコシの優位性を論じている。さらに、米国が安全保障上の理由からトウモロコシをエタノールに用いた経緯が述べられている。米国のトウモロコシが需要者を畜産農家からエタノール生産者に変え、新しい産業として活性化したように、日本においても、コメの役割を見直して新たな産業を構築することの意義を唱えている。エタノール需要の増加に沿ってコメを活用することは、コメにまつわる様々な価値を維持することにつながる。それがコメ産業の新たな形となる。

終章「私たちの意識改革と新たなライフスタイル：5つの提言」(本間正義)では、バイオ燃料検討会の報告書で示した5つの提言を解説している(報告書については終章を参照)。提言自体は報告書と同じであるが、各提言が生まれた背景と各提言の関係性について新たに記してある。

本書を完成させるにあたり、アメリカ穀物協会日本代表の浜本哲郎氏および毎日新聞出版株式会社企画編集室の倉田亮仁氏には大変お世話になった。あらためて感謝を申し上げる。

この本が、読者の環境問題やエネルギーの理解の一助となれば幸いである。

執筆者を代表して　本間正義

目次

第2章　バイオエタノール燃料

横山伸也

第4章 「コメ」と「トウモロコシ」の潜在力 三石誠司 175

第1章
エネルギーのこれまでとこれから

本間正義

1. はじめに：エネルギーとは

私たちの生活はエネルギーに支えられている。朝起きてテレビをつける。画面が光り、音が出る。コーヒーメーカーでお湯を沸かす。パンを焼くのはトースターだ。出勤のために電車に乗る。オフィスは昼から照明で明るく、デスクではパソコンが稼働している。急ぎの外出にはタクシーを使い、仕事が終われば自宅で風呂につかる。これらすべてがエネルギーにより成り立っている。

エネルギーとは「仕事をする力」だ。ここで言う仕事とは、物を動かしたり、熱や光、音を出したりすることだが、その原動力がエネルギーだ。エネルギーは自然の中にあふれている。太陽の光、風の力、水の流れ、地熱などだけでなく、植物は太陽の光で光合成を行い栄養分を作り、それを摂取する人間や他の動物の運動を可能とする。トースターで焼いたパンもエネルギーを持つのだ。

人間はその歴史の中で、自然にあるエネルギーやエネルギーの源となる資源をより使いやすい形に変換するための技術を磨いてきた。大きな転機となったのは火の利用だった。

今から50万年ほど前のことだ。はじめは、山火事の後などでくすぶる燃えさしを持ち帰って利用していたが、やがて木片をこすって火をおこすことを学び、後に火打ち石を見つける。こうして人類の祖先は夜も明るく、冬でも暖かい世界を手に入れ、火を使って調理すれば細菌が死滅し、食物の利用効率は格段に上昇した。かくして人類は生態系の食物連鎖の呪縛から離脱し、人口増加を実現していく。

人類がはじめに手に入れたエネルギーは、太陽や風、水、地熱といった「再生可能エネルギー」であった。利用しても自然現象は絶えることなく、エネルギーは繰り返して供給される。食料となる植物も光合成で再生・生育する。火は薪を燃やして手に入れ、これも植物由来であり一定期間を経て再生される。

しかし、人類の技術進歩はより大きな力をもつエネルギーを必要とするようになる。銅や鉄が使われるようになると、その製錬のため大量の木炭が必要となり、木材価格は高騰し、より多くの熱量を含む石炭が使われるようになる。特に、18世紀から19世紀にかけての産業革命期に登場した蒸気機関は石炭の需要を飛躍的に拡大した。さらに、石炭よりも熱量が高く、液体で使いやすい石油が普及していく。後に、1950年代の中東やアフリ

図1−1　人類とエネルギーとの関わり

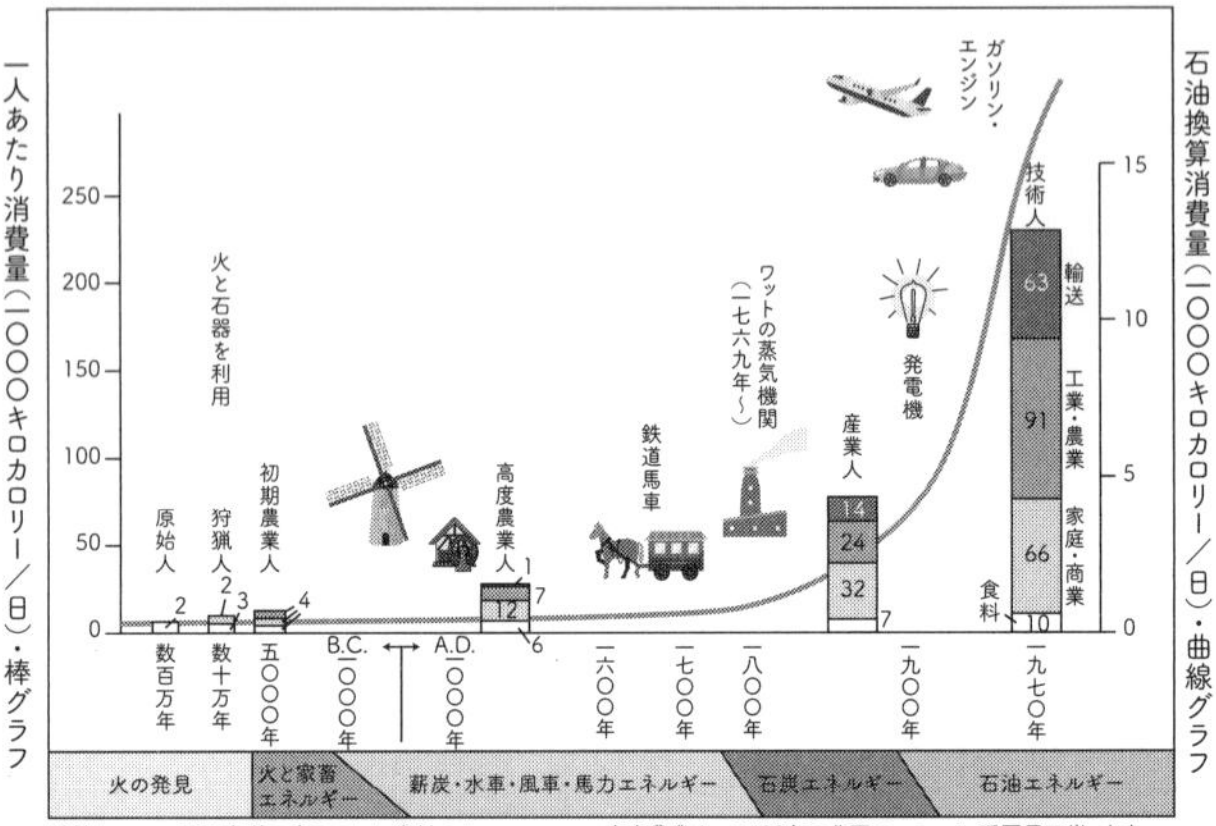

原始人	百万年前の東アフリカ、食料のみ。	高度農業人	1400年の北西ヨーロッパ。暖房用石炭・水力・風力を使い、家畜を輸送に利用した。
狩猟人	十万年前のヨーロッパ、暖房と料理に薪を燃やした。	産業人	1875年のイギリス。蒸気機関を使用していた。
初期農業人	B.C.5000年の肥沃三角州地帯。穀物を栽培し家畜のエネルギーを使った。	技術人	1970年のアメリカ、電力を使用。食料は家畜用を含む。

資料：総合研究開発機構（1979）『エネルギーを考える：未来への選択』。

カで相次いで大油田が発見されると、エネルギーの主役は石炭から石油へと変わっていった（図1−1）。

石炭や石油は、太古の動植物やプランクトンが長い時間をかけて濃縮・蓄積されてできた化石燃料だ。これらは利用されるとすぐに補給されることはなく、埋蔵量を使い尽くせばなくなる。それゆえ「再生可能エネルギー」ではない。よりやっかいな問題は、加速度的に拡大した化石燃料の燃焼が二酸化炭素（CO_2）を排出し大気中の濃度を高くし、地球の大気の温度を上昇させてしまう

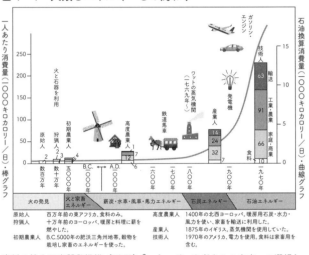

ことだ。これが気候変動をはじめとする様々な弊害を生んでいる。

そこで叫ばれているのが、CO_2を発生させない再生可能エネルギーの活用だ。太陽光、風力、水力、地下熱などを用いて電気をつくることが世界各地で積極的に行われている。一方で、植物由来の再生可能エネルギーもある。トウモロコシやサトウキビで作るバイオエタノールだ。バイオエタノールは燃焼させればCO_2を発生するが、そもそも、トウモロコシやサトウキビは植物なので、生育成長過程で大気中のCO_2を吸収する。したがって、吸収した分を排出するので、大気中のCO_2濃度には影響しない。これを「カーボンニュートラル」と言う。

バイオエタノールは化石燃料由来のガソリンに混合して自動車などに利用されている。バイオエタノールの利用が増えれば、化石燃料由来のCO_2を減らすことができる。今後は航空機燃料への利用も期待されている。化石燃料を全く使わない電気自動車（ＥＶ）が次世代の車として期待も高まるが、電気の生産から車体の廃棄までのライフサイクルでCO_2削減効果を考えた場合、まだまだ解決すべき問題は多い。少なくとも、当面はバイオエタノール混合でCO_2削減に取り組むことが現実的な対応と思われる。

本章では、こうしたエネルギーにまつわる日本の歴史と政策を振り返りながら、私たちの生活をどのように変えていけばいいのかを考える。

2. 日本のエネルギー政策の変遷：石炭・石油からの脱却

日本の経済はエネルギーに支えられ発展してきた。最も古くから使われてきた主要なエネルギー源は石炭だが、第二次世界大戦後、エネルギーの主役は石炭から石油に変わる。しかし、二度にわたる石油危機は脱化石燃料のエネルギー開発にシフトし、原子力の利用が推進された。だが、２０１１年に発生した東日本大震災による福島第一原子力発電所の事故により、その方向は変更を余儀なくされる。さらに、世界的な地球温暖化対策として、脱炭素化社会の実現が求められ、これらに対応するエネルギーミックスの時代となっている。

■エネルギーの主役は石炭から石油へ

日本での石炭の存在は室町時代から記録されているが、長い間薪の代用品にとどまっていた。石炭が本格的に需要されるのは幕末の外国の蒸気船の登場による。石炭需要の拡大で、北海道や九州の炭鉱が急速に開発されていった。明治7年（1874年）に21万トンだった石炭産出量は、明治36年（1903年）には1000万トンを超えた。[1]

また、ガス灯に始まる街灯は電気化され、発展する工業部門は電力需要をさらに増加させ、石炭需要は益々拡大し、価格も上昇した。しかし、石炭による火力発電所は、当時の技術では小規模にとどまり、電力の供給も限られた。そこで登場したのが大規模水力発電だ。水力発電は全国で採用され、1910年代には火力と水力の出力比率が逆転する。自由競争により、電力価格は低下したが、事業者の収益は悪化し、政府が収拾に乗り出し、電力産業に地域独占を認め、つい最近までこの地域独占体制が続くことになる。

第二次世界大戦が近づくと電力産業への統制が強まり、電力産業を国家の管理下に置く

1　日本のエネルギーの歴史については、経済産業省（2018）を参照。また、世界のエネルギーの変遷については、リチャード・ローズ（2019）やバーツラフ・シュミル（2019）に詳しい。

「電力管理法」が昭和13年（1938年）に成立し、既存企業から強制的に設備出資させた国策企業「日本発送電株式会社」が設立され、電力国家管理が実行に移された。

一方、石油は、漁船、自動車、軍艦等を動かす「動力エネルギー」として需要を拡大するが、国内油田は秋田での開発などが行われたものの、需要拡大に追いつかず、太平洋戦争直前には9割を輸入に頼るようになる。そんな中、昭和16年（1941年）米・英・オランダは対日石油輸出を全面禁止にし、日本はこれを契機に同年12月、太平洋戦争に突入する。

戦争遂行のため、石炭は国家統制の下で増産されるが、過度な採掘による炭鉱の荒廃や空襲によって、生産能力は戦争末期には半減する。戦後、石炭は経済の復興を牽引し、急速に増産され、戦時期から続いた国の完全統制は終了し、石炭産業は昭和25年（1950年）に自由競争市場に戻る。しかし、採掘費用の高騰や代替する石油価格の低下などで、石炭産業は衰退し、石油がエネルギーの主役に躍り出る。それが戦後の第一のエネルギー選択であった（図1－2）。

図1－2　日本のエネルギー政策の変遷

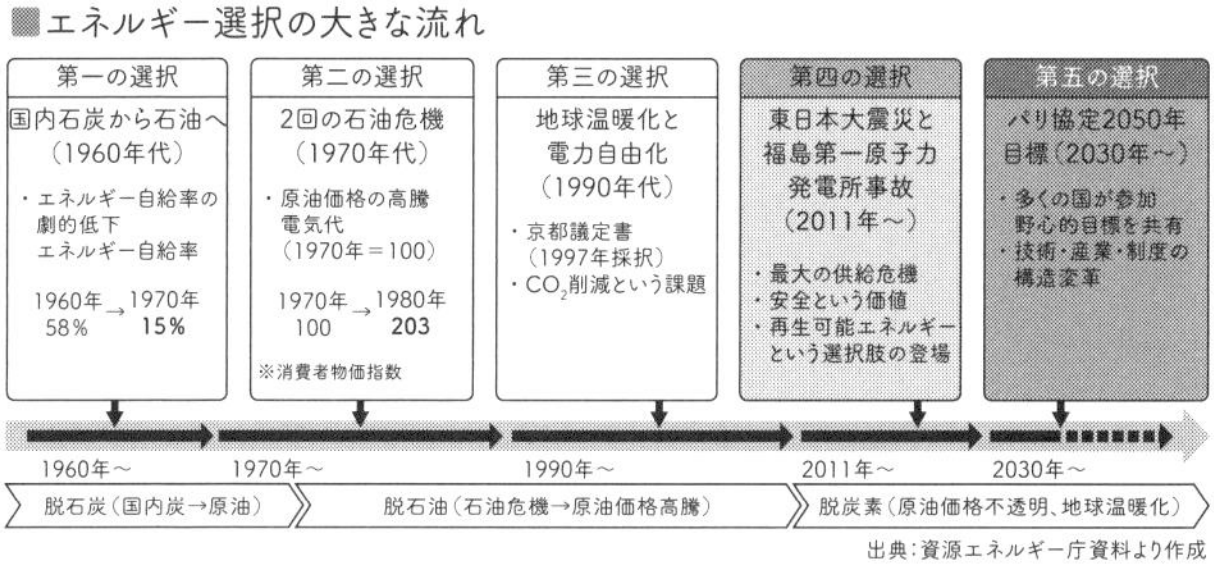

資料：日本原子力文化財団（2023）「日本のエネルギー事情と原子力政策」『原子力総合パンフレット 2023 年度版』第1章。

■2度のオイルショックの果てに

重化学工業を基礎とした高度経済成長を経て、石油は昭和48年（1973年）には一次エネルギー（自然から採取されたままの物質を源としたエネルギー）の8割近くを占めるに至った。しかし、2度にわたるオイルショックが日本経済を襲う。

第1次オイルショックは、昭和48年10月に勃発した第4次中東戦争で、アラブ側の石油輸出国がイスラエル支持国への輸出禁止を決定し、国際原油価格は3カ月で約4倍に跳ね上がった。第2次オイルショックは、1979年にイラン革命によって崩壊したパフラヴィー朝に代わり成立したイラン・イスラム共和国が、資源保護を目的に原油生産を大幅に減らしたことが契機となり生じた。その後のイラン・イラク戦争の影響も重なり、輸入原油価格は1977年から1982年までに2・8倍に高騰した。

これらのオイルショックを受けて、政府は昭和55年（1980年）に「石油代替エネルギーの開発及び導入の促進に関する法律（代エネ法）」を制定し、石油に代わるエネルギーの開発・導入を打ち出した。それが第二の選択だ（図1－2）。

石油以外のエネルギーへの技術研究開発は、1974年発足の「サンシャイン計画」などで、太陽、地熱、石炭、水素エネルギーにスポットを当てて進められてきたが、中でも注目されたのが原子力発電だ。[2]

日本で初めての商業用原子力発電所は1966年茨城県に建設された東海発電所だが、2度のオイルショックを経て、原子力発電が推進され、2004年には53基の原子力発電所で総発電量の30％を担うに至った。一方で、原子力発電は事故やトラブルを引き起こし、世界では1979年に米国のスリーマイル島で、1986年にはソビエト連邦（現・ウクライナ）のチョルノービリで原発事故が発生した。

日本では2011年の東日本大震災で福島第一原子力発電所の事故が起きた。日本の原発の「安全神話」が崩れ、原子力政策の見直しを迫られることになる。２０１４年に発表された「第４次エネルギー基本計画」では、原発は「省エネルギー・再生可能エネルギーの導入や火力発電の効率化などにより、可能な限り低減させる」と明記された。[3]

それまで脱石油の旗頭としての役割を担ってきた原子力発電政策は大きく後退し、他のエネルギー源にシフトせざるを得なくなった。石油代替エネルギーへのシフトは、オイルショック以後着実に進められてきた。しかし、単なる石油の代替品というだけでなく、今日さらに求められているのは「非化石」エネルギーへのシフトだ。地球温暖化・気候変動

2　「サンシャイン計画」とは、通商産業省（当時）が１９７３年の第１次石油危機後に進めていた新エネルギー技術研究開発であり、太陽エネルギーの利用技術開発、地熱エネルギーの利用、石炭ガス化・液化技術、水素の製造から利用までの技術、風力や海洋エネルギー、オイルシェールなどの技術の開発を行い、実用化をはかった。１９９３年度からは「ニューサンシャイン計画」に統合された。

3　オイルショックから東日本大震災までの日本のエネルギー政策については、泉谷清髙（２０２１）に詳しい。また、東日本大震災以後のエネルギー政策については、井塚雅浩（２０１９）を参照。

図1−3　日本のエネルギー供給源の構成の変化の推移

■日本の一次エネルギー供給実績

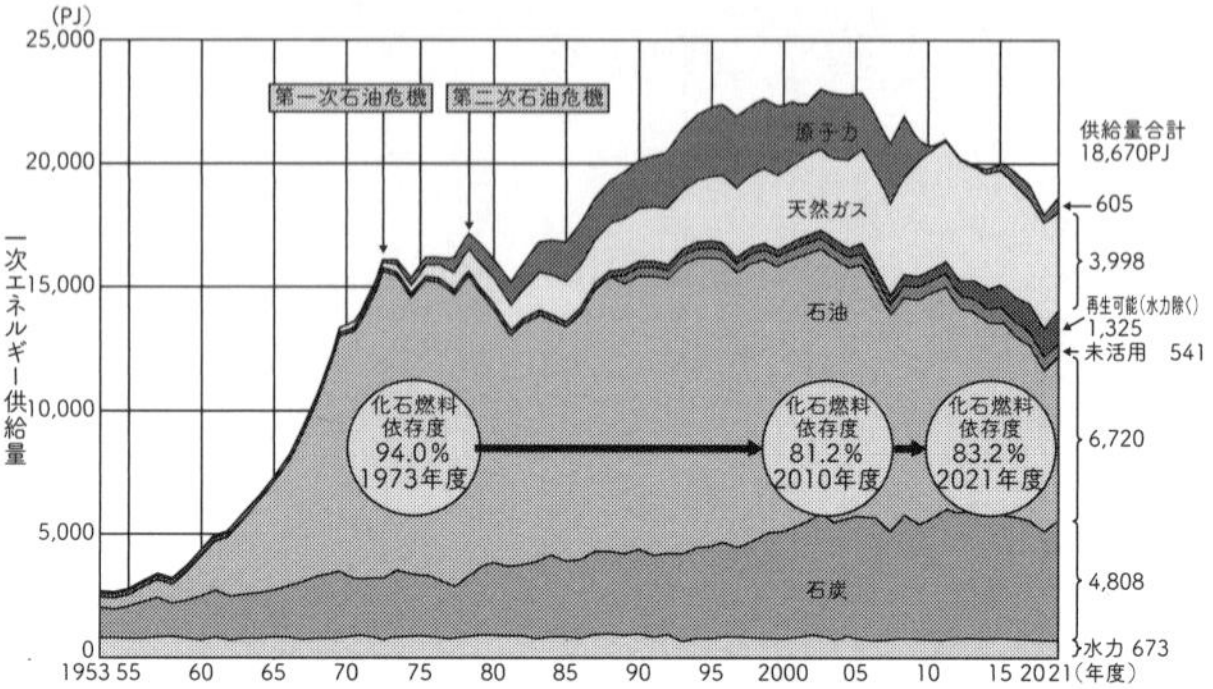

(注) 1PJ(＝10^{15}J)は原油約25,800kℓの熱量に相当(PJ:ペタジュール)
「総合エネルギー統計」は、1990年度以降の数値について算出方法が変更されている
出典:資源エネルギー庁「総合エネルギー統計」より作成

資料：日本原子力文化財団（2023）「日本のエネルギー事情と原子力政策」『原子力総合パンフレット 2023 年度版』第１章。

問題が顕在化して以来、二酸化炭素排出の原因となる化石燃料全般の利用削減が国際的目標となったからだ。それが第3の選択だ（図1－2）。かくして、日本のエネルギー供給源の構成は、図1－3に示されているように変化していく。

3．気候変動で何が起こる？：経済成長と環境の両立の道を探せ

■世界の潮流の変化

地球の気候変動については古くから学者による研究が進められてきたが、世間の耳目を集め始めたのは、昭和60年（1985年）に国連環境計画（United Nations Environment Programme: UNEP）が「対策を開始すべき」と警鐘を鳴らしたからだ。特に、国連環境計画と世界気象機関（World Meteorological Organization: WMO）が、1988年に「気候変動に関する政府間パネル（Intergovernmental Panel on Climate Change: IPCC）[4]」を設

4　IPCCは、1988年に世界気象機関（WMO）と国連環境計画（UNEP）により設立された政府間組織で、2022年で参加しているのは195の国と地域だ。IPCCは気候変動に関する専門的なデータや予測を「評価報告書」などで提供しており、最新の「第6次評価報告書」は2022年に公表された。

立し、膨大な数の学術的報告を集約して評価を行い、１９９０年に第１次評価報告書（ＦＡＲ）にて、21世紀末までに地球の平均気温が約３℃、海面が約65㎝上昇するとの具体的予測を発表すると、大きな反響を呼んだ。

また、１９９２年６月にリオデジャネイロで開かれた環境と開発に関する国際連合会議（地球サミット）では、気候変動枠組条約（ＵＮＦＣＣＣ）が採択され、国際政治では全世界規模での地球温暖化対策が議題に上り始めた。同時に、この会議で環境と開発に関わる中心的理念とされたのが、「将来の世代のニーズを満たす能力を損なうことなく、今日の世代のニーズを満たすような開発」すなわち「持続可能な開発」だ。[5] つまり、地球環境を将来世代が利用可能な形で残すことが共通認識とされ、そこには温暖化の阻止も含まれる。この概念は今日のＳＤＧｓ（持続可能な開発目標）につながっている。

ＵＮＦＣＣＣでは定期的な会合（気候変動枠組条約締約国会議、Conference of the Parties: COP）の開催を規定するなどして、気候変動に関する議論を進めた。１９９７年のＣＯＰ３では、初めて具体的に排出量の削減を義務づける内容を盛り込んだ京都議定書が採択された。これは世界的に様々な温暖化の緩和策の進展を促すこととなったが、主要な排出国である中国に削減義務がなく、また国によって義務の厳しさが異なるなどの問題を残した。

その後、2015年11月開催のCOP21では、京都議定書の後継となるパリ協定を採択した。パリ協定では、産業革命前からの世界の平均気温上昇を「2度未満」に抑え、加えて平均気温上昇「1・5度未満」を目指す（第2条1項）こととした。日本はパリ協定に基づき、2030年度の温室効果ガスの排出を2013年度の水準から26％削減することを目標とした。しかし、その後、パリ協定のもとでの温室効果ガス削減目標が世界の気温の上昇を抑える上で不十分であることが認識され、国際的にも目標の強化が叫ばれた。日本はこうした動きに対応し、2021年の米国主催気候サミットにおいて、削減目標を46％にすると表明した。世界はこれまで100年あたり気温が0・74℃の割合で上昇したのに対し、日本は1・3℃の割合で上昇し、今後も2100年頃に0・5～5・4℃上昇す

5　「持続可能な開発」は、「環境と開発に関する世界委員会」（委員長：ブルントラント・ノルウェー首相（当時））が1987年に公表した報告書「Our Common Future」で取り上げた概念で、「将来の世代の欲求を満たしつつ、現在の世代の欲求も満足させるような開発」とされる。

図1－4　世界と日本の温暖化の実績と予測

■ CO_2 増加による気温上昇の実績と予測

実績	世界	100 年あたり約 0.74℃の割合で上昇※1
	日本	100 年あたり約 1.30℃の割合で上昇※2
予測	世界	向こう数十年の間に、CO_2 及びその他の温室効果ガスの排出が大幅に減少しない限り、21 世紀中に地球温暖化は 1.5℃及び 2℃を超える※3
	日本	2100 年頃に 0.5 ～ 5.4℃上昇※4 ○ RCP2.6 シナリオ（低位安定化シナリオ：気温上昇を 2℃以下に抑えることを想定）：0.5 ～ 1.7℃上昇 ○ RCP8.5 シナリオ（高位参照シナリオ：政策的な緩和策を行わないことを想定）：3.4 ～ 5.4℃上昇 （RCP シナリオは政策的な緩和策を前提として、将来、温室効果ガスをどのような濃度に安定化させるかという考え方から算出するシナリオ）

出典：（※ 1・※ 2）気象庁ホームページ、（※ 3）環境省「気候変動に関する政府間パネル（IPCC）第 6 次評価報告書（2021）」、（※ 4）環境省・文部科学省・農林水産省・国土交通省・気象庁「気候変動の観測・予測及び影響評価統合レポート 2018 ～日本の気候変動とその影響～」等より作成

資料：日本原子力文化財団（2023）「日本のエネルギー事情と原子力政策」『原子力総合パンフレット 2023 年度版』第 1 章。

ると予測されている（図1－4）。

■日本の気候変動対策

日本で気候変動対策として注目されたのは、石油代替エネルギーとして研究開発と導入が進められてきた「新エネルギー」と呼ばれる、太陽光、地熱、中小水力、石炭（石炭液化技術）、水素エネルギーであった。これに風力、バイオ、海洋が加わる。その後、「新エネルギー」の定義は何度か変更と見直しが行われたが、重要性を増していったのが「再生可能エネ

ルギー」、すなわち、太陽光、風力その他非化石エネルギー源のうち、エネルギー源として永続的に利用できるものから得られるエネルギーだ。[6]

このうち、最も導入が進んでいる再生可能エネルギーは、小規模から設置できて初期投資も小さくて済む太陽光発電だ。平成24年（2012年）創設で電力会社に再エネ由来の電気を固定価格で買い取るよう義務づけた固定価格買取制度（Feed-in Tariff: FIT）もあり、太陽光発電は急速に拡大してきたが、寿命を終えた太陽光パネルが含む有害物質の処理や、パネル自体をいかに処分するかといった問題を抱える。

太陽光や風力はそもそも二酸化炭素等の温暖化ガスを排出することはないが、再生可能エネルギーの中で木材など植物由来のバイオマス・エネルギー（バイオ燃料）は、燃焼させる際には二酸化炭素が発生する。しかし、原料となる植物は成長する際に二酸化炭素を吸収しており、全体として二酸化炭素の量は増加しない。この特性を「カーボンニュートラル」と呼び、地球温暖化対策として注目される。日本は2050年までに温室効果ガス

6　日本における「新エネルギー」及び「再生可能エネルギー」の定義の変遷については、小林信一（2014）に詳しい。

図1－5　カーボンニュートラルの2050年目標

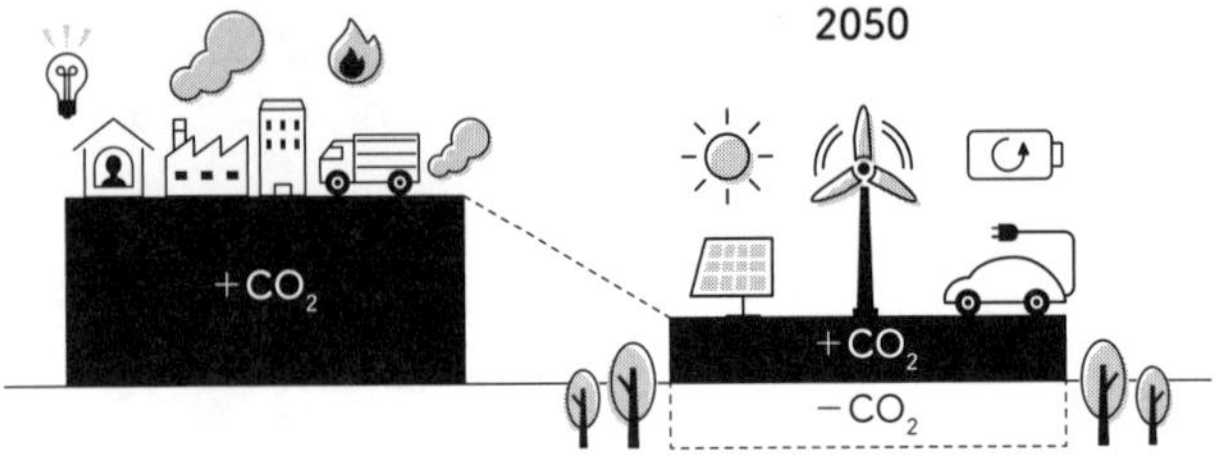

資料：環境省（2024）脱炭素ポータル
https://ondankataisaku.env.go.jp/carbon_neutral/about/

の排出を全体としてゼロにすること、すなわち、「カーボンニュートラル」を目指すことを宣言している（図1－5）。

■日本のバイオエタノール戦略

再生可能エネルギーのうち、太陽光、風力、水力、木質バイオマスは発電などに使われているが、自動車や航空機の燃料として「カーボンニュートラル」の性質ゆえに注目されているのがバイオ燃料だ。特に、自動車の燃料となるトウモロコシやサトウキビ由来のバイオエタノールやバイオディーゼルは、世界で広く導入されている。燃料供給事業者に対しバイオ燃料の利用義務やガソリンへの混合義務を課している米国でバイオエタノールの利用比率は11％、ブラジルで30％にのぼり、優遇税制で導入を促進しているフランスで11％、タイで15％などとなっている。[7]

日本では、２００２年の「バイオマス・ニッポン総合戦略」や後述する２００９年の「エネルギー供給構造高度化法」などでバイオエタノールの利用目標量を定め、地域資源の活用と地域の活性化、循環型社会の形成を絡めて、様々な原料を用いたバイオエタノール生産の実証試験が進められてきた。農林水産省は２００７年度から、国産バイオエタノールの事業化を目指し、北海道や新潟県などで助成を行ってきたものの、十分なコスト削減ができず、２０１４年に事業化を断念、支援を打ち切った。[8]

また、日本ではバイオエタノールを直接ガソリンと混合して利用するのではなく、ブテンを異性化させたイソブテンとエタノールを4対3の割合で混ぜて製造するエチル・ターシャリー・ブチル・エーテル（ethyl tertiary-butyl ether: ETBE）が流通している。その理由は、直接混合の場合、もし水分が混入した場合、エタノールにより親和性の高くなったガソリンは腐食性が増し、不具合が起きるというもの。ＥＴＢＥはその性質がほぼガソリ

7　２０２０年の実績。経済産業省（２０２２）の資料による。
8　当時の国産バイオエタノール生産事業については、杉本勝則（２００７）を参照。

図1－6　世界各国のバイオ燃料導入状況

	油種		バイオ燃料の導入実績	バイオ燃料の導入比率
		消費量		
日本	ガソリン	5,130 万 kL	83 万 kL	約 1.6%
	軽油	2,544 万 kL	—	—
欧州	ガソリン	10,121 万 kL	517 万 kL	約 5.1%
	軽油	31,769 万 kL	1,556 万 kL	約 4.9%
米国	ガソリン	54,215 万 kL	5,434 万 kL	約 10.0%
	軽油	22,561 万 kL	789 万 kL	約 3.5%
ブラジル	ガソリン	5,851 万 kL	2,710 万 kL	約 46.3%
	軽油	5,756 万 kL	396 万 kL	約 6.9%

資料：資源エネルギー庁（2019）「バイオ燃料の導入に係る高度化法告示の検討状況について」。

ンと同じなのでその心配が少ないという。国際的にはエタノールの含有率が10％（E10）や20％（E20）、85％（E85）など様々な比率で直接混合されているのに対し、この理由から日本ではETBEの形で3％までとされている（法律上はE10ガソリンまで供給可能[9]）。

国内でのバイオエタノール生産が高コストで導入が進まない中、カーボンニュートラル推進のためのバイオエタノール導入は、ETBEの形で多くをブラジルから輸入に頼っている。それでも、バイオエタノールの普及はガソリン消費量の1％に過ぎず、欧米に比べて大きく後れている（図1－6）。

4．政府は何ができるのか：今日のエネルギー政策

日本のエネルギー自給率（国内産出／一次エネルギー供給）は２０２１年で13・3％だ。これは経済協力開発機構（Organization for Economic Co-operation and Development: OECD）の中で37位という低い水準だ（図１－７）。主なエネルギー源が国内でとれる石炭や水力だった１９６０年のエネルギー自給率は58・１％だったが、エネルギー源が石炭から石油になるにつれ、エネルギー自給率は低下していった。

再生可能エネルギーに限ってみても、２０２０年の日本の国内供給割合は15・２％でしかない。世界では、カナダやスウェーデン、デンマークなどの北欧が65％以上であることを見ても、日本の再生可能エネルギー普及率は国際的に低い。

9　日本の自動車メーカーがE10対応車の販売をすでに行っていたことを受けて、「揮発油等の品質の確保等に関する法律」の施行規則の一部を改正し、E10に係る規格等を設定した（２０１２年４月施行）。

図1−7　主要国の一次エネルギー自給率の比較、2021年

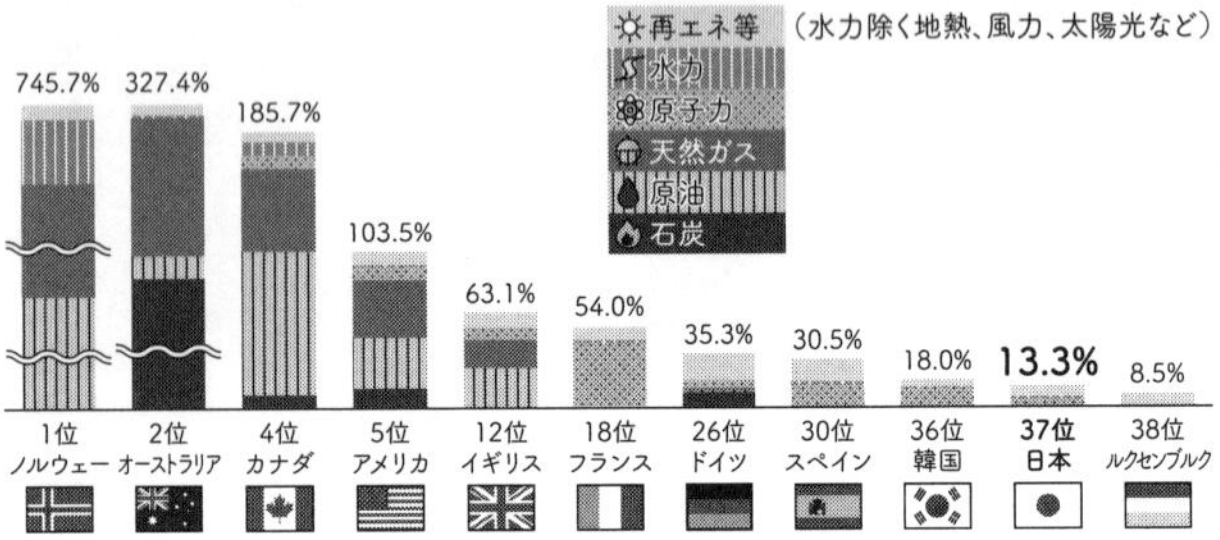

注）各国名の上の順位はOECD38カ国中の順位。

資料：資源エネルギー庁（2024）「エネルギーの今を知る10の質問」『日本のエネルギー2023年度版』https://www.enecho.meti.go.jp/about/pamphlet/energy2023/01.html

エネルギー政策基本法

このような日本のエネルギー事情の中で、政府は今後どのようにエネルギー政策を展開しようとしているのであろうか。エネルギー政策は、２００２年６月に制定された「エネルギー政策基本法」に基づき、「安定供給の確保」、「環境への適合」及びこれらを十分に考慮した上での「市場原理の活用」を基本方針としている。また、エネルギー政策基本法では、政府はこれらの基本方針に沿ってエネルギーの需給に関する施策の長期的、総合的かつ計画的な推進を図るため「エネルギー基本計画」を定めることとされており、２００３年10月に最初の基本計画が策定された。最新の基本計画は2021年10月に打ち出された第6次エネルギー基本計画だ。

第6次エネルギー基本計画を概観すれば、重要なポイントは、エネルギー政策の基本的視点（3E＋S）と2020年10月に表明された「2050年カーボンニュートラル」を見据え、2030年に向けた政策対応だ。まず、エネルギー政策の基本的視点である3つのEとは、エネルギーの安定供給（Energy Security）、経済効率性（Economic Efficiency）、及び環境への適合（Environment）であり、Sとは安全性（Safety）を指す。

安定供給については、日本は他国と比べエネルギー自給率が低いため、世界の情勢にエネルギー供給が大きく左右されるリスクを抱えており、エネルギー安全保障の観点から最も重要な課題だ。こうした課題を克服し、エネルギーの安定供給を確保するためには、レジリエンス（強靭性）を高め、多層的に構成されたエネルギーの供給体制を、平時・有事ともに適切に機能するように確立しておくことが重要だ。

経済効率性については、日本の経済成長を促すために低コストでエネルギー供給を行う必要があり、さらなる向上に向けた取り組みが不可欠だ。産業競争力の維持・強化、国民生活の向上を図りつつ、成長戦略としてカーボンニュートラルに取り組むためには、脱炭素技術の低コスト化のための研究開発、徹底した省エネ、ＡＩやＩｏＴ等の新たな技術による発電所運転の効率化等により、エネルギーコストを可能な限り低下させなければならない。

環境への適合については、カーボンニュートラルに向けた対応が国際的な約束になっていることもあり、重要性が急激に増している。エネルギー分野は日本の温室効果ガス排出量の8割以上を占めており、気候変動問題への取り組みにおいては特に重要である。エネルギーの脱炭素化には、エネルギーの最終形態だけでなく、電気自動車や太陽光パネル等を支える鉱物の採掘から製造、発電所建設のための建設機械、そして運輸過程など、サプライチェーン全体での二酸化炭素排出を考慮しながら取り組みを進めることが必要となる。

安全性については、エネルギー政策の大前提であり、特に原子力については、いかなる事情よりも安全性をすべてに優先させ、国民の懸念の解消に努めなければならない。また、将来の保安人材の不足、自然災害の頻発・激化、サイバー攻撃の複雑化なども踏まえ、原子力以外のエネルギー源についても、安全性確保への取り組みが不可欠だ。

図1−8　エネルギー政策の基本的視点：S+3E

資料：資源エネルギー庁（2024）「2023―日本が抱えているエネルギー問題（前編）」https://www.enecho.meti.go.jp/about/special/johoteikyo/energyissue2023_1.html

これらは従来の基本方針であった3つのEに、東日本大震災後の2014年の第4次基本計画で盛り込まれたSと併せて、基本方針としているものだ（図1−8）。

■カーボンニュートラルとGX戦略

2020年10月に菅首相（当時）は「2050年カーボンニュートラル」を達成すると宣言したが、それに向けて2030年までの政策の道筋を示した。具体的には、石炭などの化石電源の割合を緩やかに減少させつつ、再生可能エネルギーの割合を36〜38％（状況に応じて38％以上）にし、温室効果ガスの削減割合を46％、さらには50％の高みを目指すことが明記された。

図1－9　GXへの取り組みの基本構造

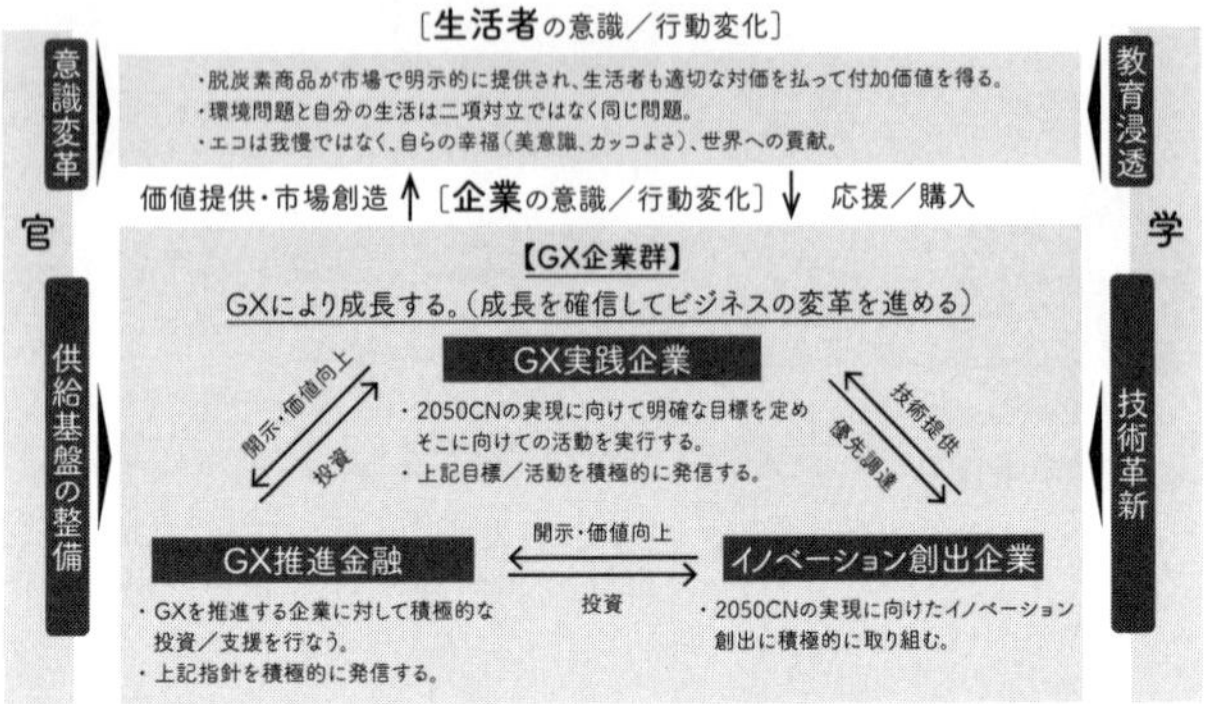

資料：経済産業省（2022）「GXリーグ基本構想」。https://www.meti.go.jp/policy/energy_environment/global_warming/GX-league/gxleague_concept.pdf

これらが達成された場合、エネルギーの安定供給に関しては、エネルギー自給率が30%程度に増加し、経済効率に関しては、電力コストが9・9〜10・2円／kWh程度に増加するものの、環境への適合に関しては、温室効果ガスの削減の目標のうちエネルギー起源の二酸化炭素の削減割合が45%程度に増加するものとみられている[10]。

しかしながら、エネルギー自給率に関しては、資源自給率に加え、技術自給率（国内のエネルギー消費に対して自国技術で賄えているエネルギー供給の程度）も向上させることが重要であり、また、今後化石燃料の価格が高騰することを考慮に入れながら、目標達成のためには状況に応じて柔軟に対応していくことが求められる。

また、近年GXという言葉を聞くことが多くなった。GXとはGreen Transformation（グリーントランスフォーメーション）の略語で、化石エネルギー中心の産業・社会構造を、クリーンエネルギー中心の構造に転換していくための、経済社会システム全体の改革への取り組みを指す。「トランスフォーメーション」とは「変革・変容」を意味する。GXは、経済社会システム全体の変革であり、一部の産業や企業だけでなく業種業界横断的で、かつ消費者も巻き込んだ取り組みを必要とする（図1－9）。

これまで環境保護と経済成長は相反するものだととらえられがちだったが、GXは温室効果ガスを排出しないグリーンエネルギーへの転換などを通して、環境保護の推進を経済成長につなげ、環境と経済の好循環を生み出すことを目指している。

また、GXは企業の取り組みだけでなく、私たち社会全体・地球全体に求められていることであり、私たち一人一人の商品購買・サービスの消費・利用における選択が産業構造

10　経済産業省（2021）、107頁。

や社会経済を変えていくという視点が重要だ。環境と経済をより良くしていくため、生活者・投資家としてどのような役割を担えるのかが問われることになる。

政府は2023年5月に「脱炭素成長型経済構造への円滑な移行の推進に関する法律(GX推進法)」を成立させ、それに基づき、「脱炭素成長型経済構造移行推進戦略（GX推進戦略)」等を決めた。カーボンニュートラルの実現と産業競争力強化・経済成長を共に実現するため、今後10年間で150兆円超の官民協調でのGX投資を目指すとしている。

5. カーボンニュートラルを求めて：再生可能エネルギー拡大の方向

カーボンニュートラルの目標に向けて重要視されているのが再生可能エネルギーの拡大だ。再生可能エネルギーには法律により複数の定義があるが、後述する「エネルギー供給構造高度化法」では以下のように定義されている。

「太陽光、風力その他非化石エネルギー源のうち、エネルギー源として永続的に利用することができると認められるものとして政令で定めるもの」で、政令においては太陽光、風力、水力、地熱、太陽熱、大気中の熱その他の自然界に存する熱、バイオマスが挙げられている。

日本における再生可能エネルギー導入拡大の必要性は、温室効果ガス削減等の環境改善に関するグローバルなものから、エネルギー自給率の向上や化石燃料調達に伴う資金流出の抑制等のわが国のエネルギー政策に関するもの、産業の国際競争力の強化等のわが国の産業政策に関するもの、また雇用の創出や地域の活性化や非常時のエネルギー確保等のローカルなものまで、非常に多岐にわたる。

再生可能エネルギーの可能性

再生可能エネルギーは、化石燃料と異なり利用時に温室効果ガスである二酸化炭素を排出しないため、化石燃料代替による温室効果ガス削減に大きく貢献する。再生可能エネルギーで発電を行う場合、設備の建設・廃棄等を含めたライフサイクル全体でも、化石燃料による発電に比べて二酸化炭素排出量を大幅に削減可能と分析されている。また、国産エネルギーである再生可能エネルギーの導入拡大によりエネルギー自給率は向上する。このことは、化石燃料の輸入金額を削減し、海外への資金流出を抑制する。再生可能エネルギーは大規模な運用が難しく価格が高くなりやすいと言われるが、陸上風力発電、バイオマス発電、地熱発電等で技術革新が進んでおり、化石燃料を下回るコストでのエネルギー供給が期待できる。[11]

再生可能エネルギーの導入は地域経済の活性化を促す。まず、設備設置、メンテナンスやバイオマスの資源収集などの雇用が発生する。再生可能エネルギーは分散型電源であることから特に地域に多くの雇用が創出される。また、維持管理においても雇用が創出されるため、運用時においても定常的に雇用の創出が見込まれる。特にバイオマス発電は、維持管理において他の発電を上回る雇用の創出が期待される。

さらに、多くの再生可能エネルギーは、災害等により火力発電等によるエネルギー供給が途絶えた場合でも、火力発電等と異なり燃料の調達が必要ないため、継続的な発電が可能だ。再生可能エネルギーの多くは分散型で需要地に近接しているため、災害時でも供給を確保しやすい。このため再生可能エネルギーは、災害等の非常時における最低限必要なエネルギーの供給源に活用されることが期待される。

このように、再生可能エネルギーは、原子力や火力（化石燃料）に比べ、地域の特性に応じて地域が独自に普及を進めることができるエネルギーであり、地域が主導的にエネルギー政策を地域づくりの一環として進めることが可能だ。

■運輸部門でのバイオ燃料の活用

再生可能エネルギーは電力のエネルギー源としての活用に期待が寄せられているが、最終エネルギー需要の7割以上を占めるのは非電力分野だ。この分野での脱炭素化を図ることが重要であり、特に、自動車・航空・海運・鉄道から構成される運輸部門は二酸化炭素総排出量の18・5％を占め（図1－10）、脱炭素化が課題となっている。[12]

11　再生可能エネルギーの技術的解説は、新エネルギー・産業技術総合開発機構（2014）に詳しい。

12　バイオ燃料の現状については、小林茂樹（2020）を参照。また、運輸部門におけるカーボンニュートラルに関しては、藤井敏彦（2021）を参照。

図１－10　日本の各部門におけるCO_2排出量

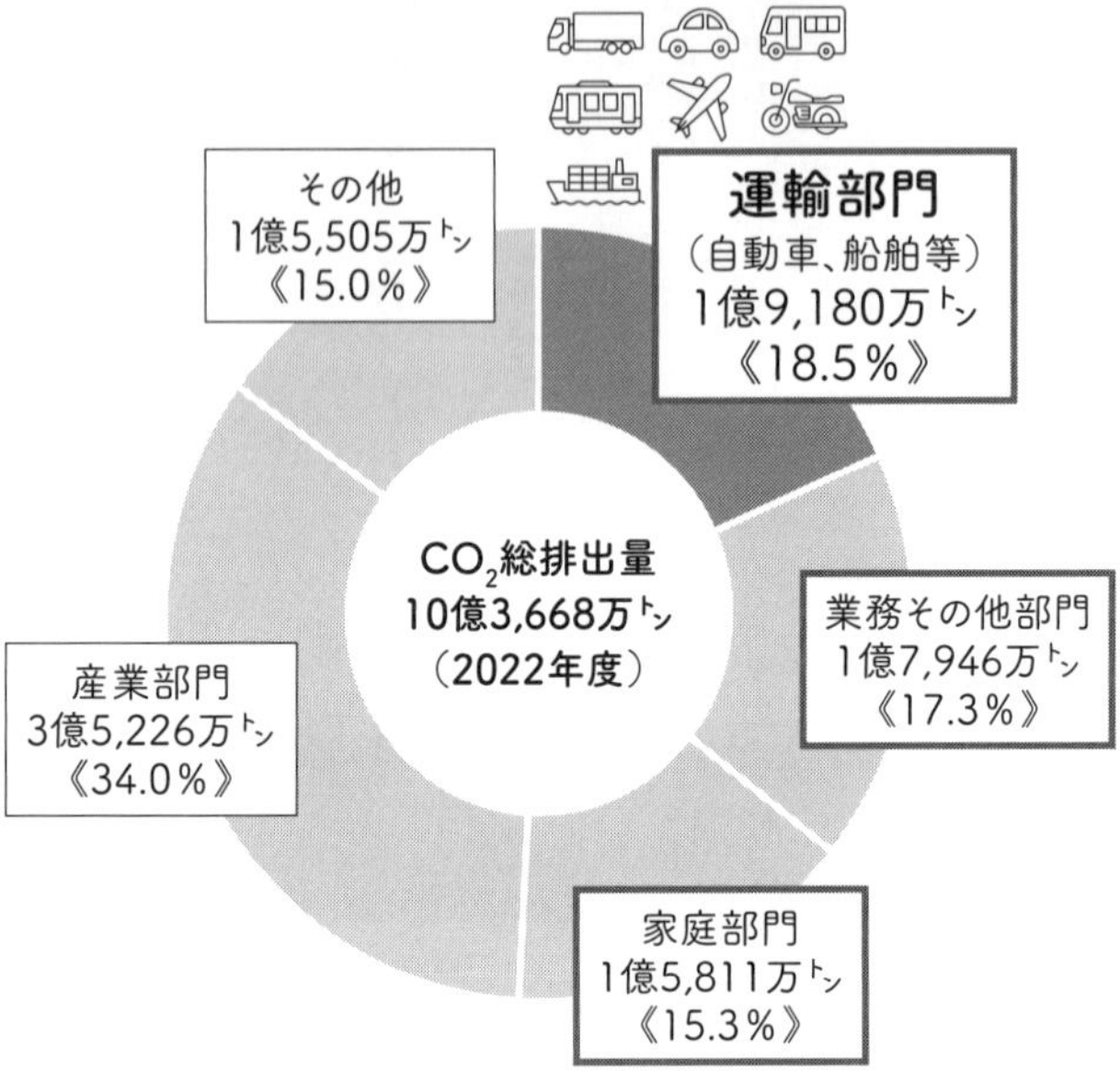

資料：国土交通省（2024）「運輸部門における二酸化炭素排出量」。https://www.mlit.go.jp/sogoseisaku/environment/sosei_environment_tk_000007.html

自動車の脱炭素化については、電気自動車（Electric Vehicle: EV）、プラグインハイブリッド自動車（Plug-in Hybrid Vehicle: PHV）、ハイブリッド自動車（Hybrid Vehicle: HV）や燃料電池自動車（Fuel Cell Vehicle: FCV）の推進が謳われているが、現実問題としては、内燃機関を持たない次世代自動車への転換にはかなり時間を要するとみられる。このような状況で、脱炭素化に向けて二酸化炭素削減に効果のある手段として、バイオエタノールの活用は有効だ。バイオエタノールは、従来車はもちろんのこと、HVやPHVにも利用でき、また、航空機用燃料ケロシンの代替となる、持続可能な航空燃料（Sustainable Aviation Fuel: SAF）の原料としても有望だ。このような観点から、日本でもバイオエタノールを本格的に導入し、カーボンニュートラルの推進で脱炭素化を目指すことを検討すべきだ。

6. バイオエタノール普及のために：日本の現実と問題点

バイオエタノールは、1970年代からガソリンのオクタン価向上剤として用いられていたが、注目されるようになったのは、2000年代の米国のエネルギー政策の転換であった。2001年に起きた同時多発テロ事件を契機に、それまでの石油供給をめぐる度重なる国際的混乱を避け、米国は中東へのエネルギー依存を脱却する方向に舵を切った。そのとき注目されたのが、トウモロコシを原料とするエタノール燃料の生産であった。折しも、当時米国ではトウモロコシは過大な生産力を有し、供給過多で価格が低迷し、農家の所得を補填するためのプログラム等に多額の財政負担を要していた。

米国では、２００５年に「２００５年エネルギー政策法」が成立し、その中でバイオエタノールの使用を義務づける「再生可能燃料基準」が盛り込まれた。「２００７年エネルギー自立・安全保障法」では、２０２２年までには米国の燃料供給に３６０億ガロンのバイオ燃料の含有を義務づけることを定めた。[13] このエタノール需要の増加により、それまで低迷していたトウモロコシ価格は回復し、農家の所得が向上、過剰供給も解消した。こうして米国におけるバイオエタノール産業は急速に成長した。

■食料か燃料か

トウモロコシによるエタノール生産は、一方で、「食料か燃料か」という論争を引き起こした。世界には多くの栄養不足（飢餓）に苦しむ人たちがいるなか、食用（実際は飼料用）となるトウモロコシを自動車燃料に充てていいのかという疑問である。確かに世界には８億もの人々が食料問題を抱えている。しかし、彼らは世界に食料が不足しているから飢餓に陥っているのではない。多くは貧困すなわち所得が少ないため、市場に食料があってもそこにアクセスできないのだ。バイオ燃料の拡大が彼らの飢餓問題を深刻化させているわけではない。世界の食料問題の解決のためには、国際協力等により根本的な食料安全保障への取り組みが必要だ。

また、農業は食料のみを生産しているわけではない。綿花や養蚕、天然ゴムなど、食料以外の生産のために農地を用いている。要は世界的にも外延的な拡大が限られている農地をいかに有効に使うかだ。農地が限られている以上、生産性の向上すなわち単位面積あたりの収量を増加させることが重要だ。実際、米国においてもエタノール需要を満たすためトウモロコシの収量が大きく向上した。従来の飼料用などの需要を大きく圧迫するような形でエタノール生産が行われているわけではない。

一方で、バイオエタノールをトウモロコシやサトウキビではなく、セルロースなど食用と競合しないバイオマスから生産する技術の推進も必要だ。しかし、費用やエタノール生

13　ただし、トウモロコシ由来の従来型エタノールの利用上限については2015年からは150億ガロンとされ、それを超える部分は次世代型エタノールを利用するとされている。

図1－11　植物油、サトウキビ、トウモロコシ生産のバイオ燃料への仕向け割合

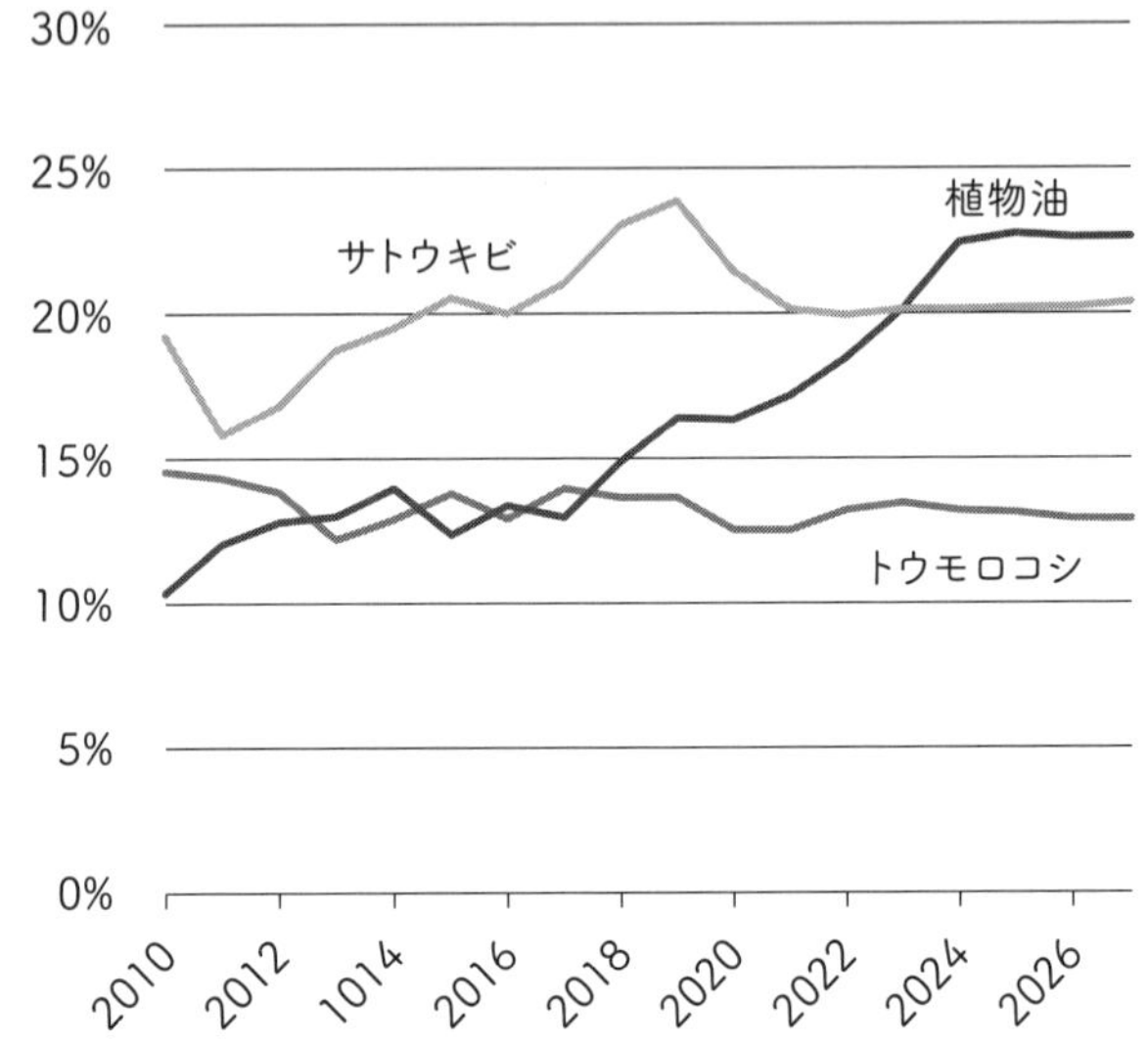

資料：International Energy Agency (2023), Renewables 2022.

産効率等の面でまだ問題も多く、商業ベースに乗るまでには時間がかかりそうだ。また、トウモロコシの利用は、そのようなバイオ燃料の第2世代へのつなぎとしてとらえるのではなく、より積極的に取り組むことが望ましい。農地の利用はいつでも変えることができる。例えば、安全保障上の問題で食料が不足すると見込まれる場合は、トウモロコシ生産を食用農産物の生産に転換する。食料の安全保障が

脅かされた場合の農地利用については、平時とは異なるルールを定めておけばいいのだ。

また、トウモロコシに限らないが、バイオエタノール原料の需要増加は農業・農村の活性化につながる。米国が農業不況から脱したように、多くの発展途上国ではバイオ燃料需要の増加で農業生産が拡大することを期待している。バイオ燃料となる原料生産の拡大は、農業所得を下支えし、雇用を増やし、経済発展に寄与する面があることにも着目すべきであろう。[14]

一方、バイオ燃料の中で今後需要が急速に拡大すると思われるのが、次世代の航空燃料とも呼ばれる「SAF」だ。SAFは「Sustainable（持続可能な）Aviation（航空）Fuel（燃料）」の略で、「持続可能な航空燃料」を意味する。SAFは従来の化石由来の燃料ではなく、植物などの有機物を原料とするバイオ燃料だ。

バイオエタノールからもSAFは作られるが、需要が拡大しているのが植物油だ。図1－11に見るように、バイオ燃料用農産物で、植物油の燃料向けの比率が急上昇している。

14　バイオ燃料が世界の食料需給及びフードセキュリティに与える影響については、小泉達治（2018）を参照。

植物油はバイオディーゼルの生産にも用いられるが、現在のところＳＡＦの多くが主に食用油の廃油で製造されている。しかし、廃油の供給量は極めて限られていて、やがてＳＡＦ用に植物油自体の需要が増大し、植物油の原料である、大豆、ナタネ、パームなどの生産拡大が見込まれる。そのとき、再び「食料か燃料か」の議論が持ち上がる可能性がある。実際、ＥＵでは食用と競合し土地利用に変化をもたらすリスクのある大豆油やパーム油等の燃料への利用には、すでに制限を設けている。

■日本のバイオ燃料導入の後れ

日本でのバイオエタノール導入のきっかけは、２００５年４月に「京都議定書目標達成計画」が閣議決定され、輸送用燃料に対して、原油換算で年間50万キロリットルのバイオマス由来燃料を導入する目標量が設定されたことだ。石油業界はバイオエタノールを原料として生産されるバイオＥＴＢＥをガソリンに配合することを約束し、２００７年にバイオＥＴＢＥの輸入を開始した。

その後、政府は２００９年に「エネルギー供給構造高度化法[15]」（以下「高度化法」と呼ぶ）を成立させた。この高度化法の下で、エネルギー供給事業者に対して、非化石エネルギー源の利用と、化石エネルギー原料の有効利用を促進するため、経済産業大臣が基本的な方針を策定するとともに、エネルギー供給事業者が取り組むべき事項について、ガイドラインとなる判断基準を定めた。また、事業者の計画的な取り組みを促し、その取組状況が判断基準に照らして不十分な場合には、経済産業大臣が勧告や命令を出せることとした。

政府は２０１０年に高度化法に基づく告示を出して、ガソリンの供給量が年間60万キロリットル以上の石油精製業者を対象に、バイオエタノールの導入目標等を設定した。導入目標量は、２０１１年度の原油換算21万キロリットルから段階的に引き上げられ、２０１７年度には原油換算50万キロリットルのバイオ燃料を導入することとされ、以後今日まで目標数量は50万キロリットルのままで推移している。しかし、この数量は日本の年間ガソリン消費量の１％に過ぎない。

これでは、かけ声はよくても、実際に脱炭素やカーボンニュートラル政策に貢献していない

15　正しくは「エネルギー供給事業者による非化石エネルギー源の利用及び化石エネルギー原料の有効な利用の促進に関する法律」。

るとは言えまい。少なくとも、ガソリンにバイオエタノールを10％混合したE10を目指すべきであろう。もし、E10が義務化されれば、ガソリン車の10％相当の二酸化炭素削減効果が期待され、運輸部門全体でみても約5％の削減につながることになる。

全ガソリンをE10にすることを阻む要因のひとつが、日本で採用しているETBE方式だ。先に述べたように、その理由は、直接混合すると、水分が混入した場合、エタノールにより親和性の高くなったガソリンは腐食性が増し不具合が起きるというもの。また、ガソリンにバイオエタノールを混合する場合、通常のガソリンと同レベルの蒸気圧に抑えるためバイオエタノールを混合する基材ガソリンの蒸気圧を調整することが必要となる。しかし、自動車メーカーはバイオエタノールに対応できる車種を多く開発しており、実際、欧米での日本車はバイオエタノール混合に対応した仕様で走っている。一方で、ETBE方式は国際的には有毒性や原料であるイソブテンの供給制約等の問題から禁止されていく方向にある。

7. おわりに：脱炭素に向けて生活を変える

私たちの生活は、冒頭に述べたようにエネルギーにより成り立っている。今、そのエネルギーのあり方が問われている。それはとりもなおさず、私たちがどのようなエネルギーを選択するかの問題である。エネルギーの選択はライフスタイルの選択に他ならない。実際、ライフスタイルに関わる温室効果ガスの排出は、総排出量の約60％を占めている。すなわち、衣・食・住・移動など、私たちが日常生活を行う上で使用するモノやサービスの製造、流通、使用、廃棄などにおいて生じる温室効果ガスが、日本のCO_2排出量の約60％にのぼると言われる。言い換えれば、私たちが生活の中で工夫し、無駄を減らし、環境への負荷が低いモノやサービスを選択することでCO_2削減に大いに貢献できるのだ。

環境省では、脱炭素化社会に向けて私たちが生活の中でできる30項目を挙げて、「ゼロカーボンアクション30」として紹介している。[16] その中には、電気や水の節約、省エネ家電

16　環境省 COOL CHOICE ウェブサイト https://ondankataisaku.env.go.jp/coolchoice/zc-action30/ を参照。

の導入、徒歩・自転車・公共交通機関での移動、エコドライブ（急発進／急停車をしない等）やカーシェアリングの活用など、直接的なエネルギーの節約だけでなく、働き方の工夫、食べ残しなどの食品ロスの削減、家庭内外のゴミの減量なども含まれる。

このように、一人一人が「私にできること」をするということが持続可能な未来を築き、脱炭素社会の実現に向けた大きなステップとなる。しかし、「できることをする」こと自体が日常とならなければならない。思いつきでその都度できることをするだけでは、大きな変化は生まれない。脱炭素社会の必要性を正しく認識し、ライフスタイルそのものを変えるという覚悟が必要だ。なかでも意識を変える必要があるのは「消費」だ。モノやサービスを消費するとは、人が欲求を満たすために使用することを指し、使用した結果モノやサービスは用済みとなる。まずは、消費においてCO$_2$の発生を減らすモノやサービスの選択が重要だが、同時に使用したものができるだけ再利用できるものであることが望ましい。つまり、消費においても再生可能なモノやサービスを選ぶことだ。

脱炭素社会とは持続可能な社会をつくることに他ならない。有限な資源はなるべく節約し、将来世代も利用可能な形で残す。こうした持続可能な社会を築き、日々の暮らしの行動に脱炭素が根付くためには、まだ時間がかかるかもしれない。重要なのは、脱炭素の生活があたりまえだと認知させる子供たちへの教育だ。

日本では身近な「私たちのまち」から社会を学ばせる教育が一般的だが、地球環境から始めて自分たちをとりまく社会に結びつける教育も脱炭素には効果がある。有限な地球資源を意識することで資源節約の行動が根付く。イタリアでは、２０２０年より学校教育で気候変動に関する授業を必修化し、年間で最低でも33時間の授業時間をあてている。一方で、親の節約行動や家庭での脱炭素生活が「あたりまえ」になれば、子供たちがやがて大人になっても脱炭素生活は「あたりまえ」となる。

脱炭素や資源節約はつつましい生活をせよということではない。脱炭素のため人々の暮らしが貧しくなり豊かさを犠牲にするのでは本末転倒である。経済は成長させるが、その方法や道筋を変えようということである。経済を脱炭素で回していけば、持続可能な社会が実現する。会社にしても、これまでは経済上の損得で経営をしてきたが、これからは炭素の収支を考慮して経営を行わなければならない。私たちも生活を脱炭素仕様にするとともに、そのような環境対策をしている会社の製品を購入することで、脱炭素は好循環を生む。こうして経済活動のなかに脱炭素や持続可能性を取り込むことで、私たちの生活は将来世代に豊かさを残しつつ経済を成長させることができるのだ。

〈参考文献〉


井塚雅浩（2019）「転換期を迎える日本のエネルギー政策」香川大学『経済政策研究』第15号。

泉谷清髙（2021）「日本のエネルギー政策―オイルショックから東日本大震災まで―」『日本大学大学院総合社会情報研究科紀要』No.22。

経済産業省（2018）「日本のエネルギー、150年の歴史①〜⑥」。

https://www.enecho.meti.go.jp/about/special/johoteikyo/history1meiji.html
経済産業省（2021）「エネルギー基本計画」。

経済産業省（2022）「バイオ燃料を取り巻くエネルギー情勢について」我が国のバイオ燃料の導入に向けた技術検討委員会（第6回）提出資料。

小泉達治（2018）「バイオ燃料が世界の食料需給及びフードセキュリティに与える影響」『農林水

産政策研究』第28号。

小林茂樹（２０２０）「バイオ燃料の現状と将来（１）～（３）」国際環境経済研究所。

https://ieei.or.jp/2020/10/expl201027/

小林信一（２０１４）「再生可能エネルギーの政策史」『再生可能エネルギーをめぐる諸相：科学技術に関する調査プロジェクト調査報告書』国立国会図書館調査及び立法考査局。

新エネルギー・産業技術総合開発機構編（２０１４）『ＮＥＤＯ 再生可能エネルギー技術白書 第２版』森北出版。

杉本勝則（２００７）「バイオエタノール利用の現在と未来」『立法と調査』No.２６３、参議院常任委員会調査室。

バーツラフ・シュミル（２０１９）『エネルギーの人類史（上・下）』青土社（塩原通緒・訳）。

藤井敏彦（２０２１）「運輸部門におけるカーボンニュートラル実現に向けて」日本パブリックアフエアーズ協会。

リチャード・ローズ（２０１９）『エネルギー４００年史』草思社（秋山勝・訳）。

コラム　今こそ国産エタノール栽培を

2024年4月、バイオエタノールの取材でアメリカを訪れた。2度目の取材で、前回は2017年。このとき、アメリカのガソリンは「E10」が主流であることを初めて知った。ガソリンにエタノールを混ぜるだけでCO_2削減になるなんて素晴らしい、日本でも導入すればいいのにと思い、資源エネルギー庁に取材したところ「国産で利用できるエタノールがあればいいが、コスト的に見合わない。輸入する場合、今は条件の関係でブラジルからだけで、輸入するメリットがあまりない」とのことだった。その後、アメリカからの輸入も可能になったが、日本のガソリンのエタノール混合率に変化はなかった。

CO_2削減効果という点では国産が望ましいが、エネルギー安全保障を考えれば、やはり日本もE10を導入すべきと思う。日本は原油の9割以上を中東から輸入している。ガソリンの1割をエタノールに置き換えれば、その分だけ中東依存を減らすことができる。万が一に備えてエネルギーの原料はいろいろな国から調達したほうがいい。

実は米国が自動車燃料にエタノールの活用を決めたのは1970年代のオイルショック

がきっかけだ。エネルギーの中東依存からの脱却のために、当時のカーター大統領が着目したのがトウモロコシを原料とするエタノールで、このときから米国はトウモロコシを原料とした燃料生産の道を歩み続けてきた。そしてこの施策により、米国の生産農家は大きな恩恵を受けてきた。米国のトウモロコシ農家を何度か取材したことがあるが、数百～数千紒の広大な農地を父と息子、もしくは兄弟の数人で耕作しているところが多かった。日本からの取材を受けるぐらいなのでトップクラスの農家なのだろうが、彼らの話を聞く限りでは、日本のような耕作放棄地の増加や農家の後継者不足は問題となっていない。

カーター大統領がエタノールの活用に踏み切った1970年代、日本はコメの過剰生産を抑えるために減反政策をとった。オイルショックは日本でも起きたことだが、過剰生産のコメとエネルギーを結び付ける発想は日本にはなかったわけだ。もしこのとき減反でなく、過剰生産のコメを活用してエタノールを作る選択をしていれば、現在の耕作放棄地の問題は起きていなかったのではないか。気候風土やそもそも栽培面積が違うのでアメリカと同じことはできないかもしれないが、かの国の先見の明の確かさに感心するばかりだ。

とはいえ、アメリカのトウモロコシ農家がこの先も安泰かといえばそうでもない。トウモロコシやサトウキビなど食料となる植物から作るエタノールは食料との競合が避けられないことから、将来的には非食料の草や木から作るべきと考えられている。この考えをいち早く取り入れているのが欧州連合（ＥＵ）で、「持続可能な航空燃料（ＳＡＦ）」の原料に食品由来のエタノールの使用を規制する方針だ。日本で製造するＳＡＦの原料は主にアメリカやブラジルから輸入するエタノールとみられるが、そのＳＡＦはヨーロッパへ行く航空機に使えない可能性がある。

日本もいつまでもエタノールを輸入に頼るのは得策ではない。日本には50万㌶近い耕作放棄地があるのだから、これを利用して国産エタノールの原料となる植物を栽培するべきだ。デントコーンや多収米もいいが、食料と競合せずにエタノールが簡単にできる作物の開発が急がれる。カーボンニュートラルな社会に向けて、日本の科学技術を最大限に発揮することを期待したい。

平沢裕子（産経新聞社東京本社編集局文化部記者）

第2章
バイオエタノール燃料

横山伸也

1. はじめに　E10導入に向けて

世界の多くの国では、ガソリン車の燃料としてバイオエタノールを混合して使っている。混合割合は国により違いはあるが、バイオエタノールを10％混合するE10ガソリン（以下E10とする）が標準的となっている。この主な目的は、化石燃料であるガソリン燃焼に伴うCO$_2$による、地球温暖化など環境への負荷を低減することである。一方で、ガソリン価格の高騰に対する経済対策という一面もある。しかし、わが国ではバイオエタノールの混合割合は1・7％程度で、しかもバイオエタノールを直接混合するのではなく、石油製品であるイソブテンという物質と反応させて作ったETBE（エチル・ターシャリー・ブチル・エーテル）として混合されている。このような日本のバイオエタノール導入はガラパゴス的な状況となっている。一刻も早く、乗用車へバイオエタノールの混合を、少なくとも直接混合のE10導入を急ぐべきである。

バイオエタノールとは、トウモロコシやサトウキビのようなバイオマスから作ったエタノールである。本章では、特に断らない限りバイオエタノールを扱うので、以下単にエタノールとする。ただし、慣用的に使う場合にはこの限りではないとする。

2. エタノールの役割

自動車燃料としてのエタノール

エタノールはあらゆる割合でガソリンと混合でき、１００％でも自動車は走ることができる。歴史的には１００年以上も前の１８００年代に、ヘンリー・フォードが作った自動車の燃料は純エタノールで走っていた。１９０８年の初期のＴ型フォードは、デュアルフューエル（Dual Fuel）でガソリンとエタノールのいずれでも走ることができた。現在、ガソリン１００％でもエタノール１００％でも、あるいは両者がどのような割合でも走る自動車はフレックス燃料車と呼ばれているが、すでに初期のフォード車はこのような燃料で走っていたことになる。油田が発見されてガソリンが安く手に入り、Ｔ型フォードの燃料がエタノールからガソリンとなった。しかし、１９２０年代に入ると、スタンダード石油はノッキング（後述する）を抑えるために、ガソリンにエタノールを添加し始めた。当時とは状況が全く違うが、現在ではガソリン燃焼によるCO_2排出削減のために、あらためてエタノールが注目され世界各国で使用されている。

■バイオマスのカーボンニュートラル性

バイオマスというのは、エネルギーや化学原料となる植物原料を意味する。バイオマスから作ったエタノールは、CO_2排出量が少なく環境にやさしいと言われているが、なぜなのだろうか？　それはエタノールの原料であるバイオマスが、カーボンニュートラルという性質を持っているためである。図2−1により、トウモロコシからエタノールを作り、これを自動車の燃料とした場合のカーボンニュートラル性を説明する。

トウモロコシからエタノールを作り、これを自動車用燃料として使うと、エンジンの中で燃焼されてCO_2になり大気中に放出される。トウモロコシは大気中にあったCO_2から光合成によって作られたものであるから、それが燃焼されて大気中にCO_2が放出されても、もともと大気中にあったので、CO_2は循環して差し引きはゼロになるという論理

図２－１　バイオマスのカーボンニュートラル性

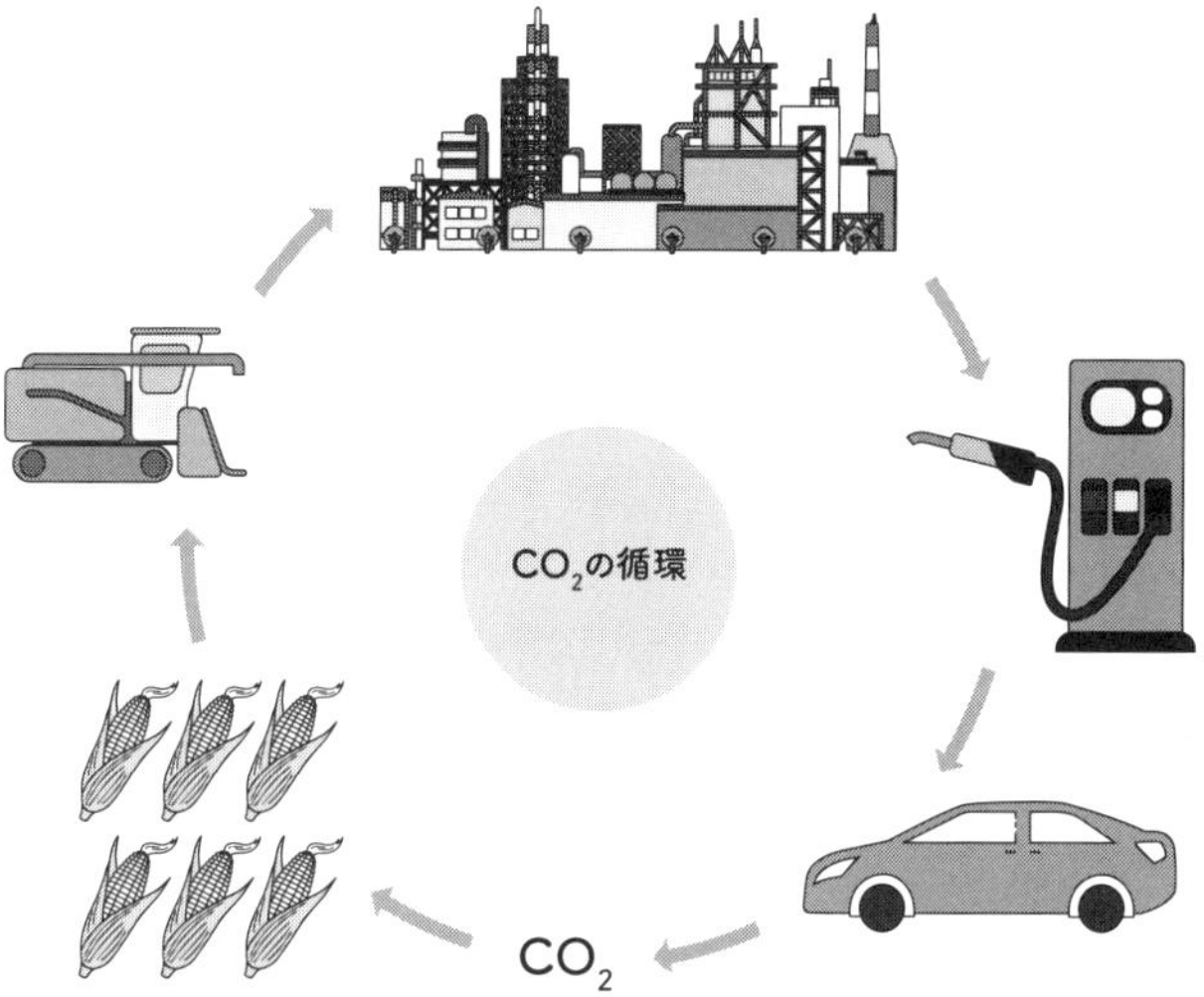

出所：国土交通省（2024）「運輸部門における二酸化炭素排出量」。https://www.mlit.go.jp/sogoseisaku/environment/sosei_environment_tk_000007.html

である。これをカーボンニュートラルと呼んでいる。日本では、IPCC（気候変動に関する政府間パネル）のガイドラインに従い、バイオ燃料の排出量をゼロとしている。ただし、ここではトウモロコシの生産やエタノール製造に必要なエネルギー投入量は無視している。

■エタノールの性質

自動車の燃料に使うエタノールの性質は、私どもが飲むお酒と基本的には変わるところはない。前述したように、エタノールはガソリンとはいかなる割合でも混合するし、水とも同様に混合する。エタノールは常温で無色、透明な液体であり、示性式はC^2H^5OHである。分子量は46、密度は０・79ｇ／㎤、沸点は常圧下では78℃で水の沸点の１００℃より低い。

ガソリンはイオウを含む原油から作るので、燃焼するとイオウ系の大気汚染物質が排出される。しかし、エタノールは植物から作るので、基本的にはイオウ系物質は含まれないので、燃焼してもイオウ系の大気汚染物質を排出することはない。

エタノールはガソリンと混合してエンジンの中で燃焼するので、当然ながら熱量がなくてはならない。ガソリンの発熱量はリットルあたり約８０００キロカロリーであるが、エタノールはその７割程度の５６００キロカロリーである。ガソリン１００％の燃料で１００キロメートル走るとすれば、同じ量のエタノールでは70キロメートルしか走らないと予想されるかもしれない。しかし、燃料には発熱量の他にオクタン価という指標があり、エタノールのオクタン価が高いために、実際の走行距離は長くなる。

レギュラーガソリンのオクタン価は89以上であるが、エタノールのオクタン価は１１３

である。オクタン価が高いとエンジン性能が上がり、燃焼効率が向上する。そのために、発熱量が低くてもそれを補う効果を示す。ガソリンにエタノールを10％あるいは15％を混合したE10、E15と呼ばれる燃料を使って運転しても、レギュラーガソリンと走行距離はほぼ同じと言われている。

オクタン価は、ノッキングという現象の起こりにくさを示す指標でもある。高い出力でエンジンを回転させていると、エンジン内において点火プラグでガソリンと空気の混合気体に点火させる前に、爆発が起こることもある。点火前に爆発が起こると、ピストンが想定外の動きをして、エンジンが逆回転するなどして異音や振動が発生する。この現象がノッキングであり、エンジンに悪影響を及ぼすことになる。オクタン価が高いとこの現象を軽減できるので、エタノールをガソリンに混合すると、ノッキングを防ぐ効用がある。

ガソリン成分中でアンチノック性が比較的高いイソオクタンのオクタン価を100、アンチノック性の低いノルマルヘプタンのオクタン価を0とする。試料のガソリンと同一のアンチノック性を示すような、イソオクタンとノルマルヘプタンとの混合物中に含まれるイソオクタンの割合（容量比）をその試料のオクタン価としている。厳密にはオクタン価は2種類あるが、ここでは触れないこととする。

3. エタノールの原料

■エタノール生産量の推移

燃料用のエタノールの、2023年における世界の生産量を図2-2に示す。年間で約1億1200万キロリットル生産されている。長い間ブラジルが生産量世界一位だったが、2006年に米国の生産量がブラジルを超えた。2020年と2021年はコロナ禍のために生産量が減ったが、2022年以降はコロナ禍前に戻りつつある。米国はトウモロコシから約6000万キロリットル、ブラジルはサトウキビから約3000万キロリットルを生産量している。両国で全体の80%を占め、EUと中国がこれに次いでいる。すなわち、世界のエタノールの80%はトウモロコシとサトウキビを原料としている。EUはバイオマス、特に穀物由来のバイオ燃料に厳しい姿勢を示しているが、2022年にEUで生産さ

図２－２　世界のエタノール生産量

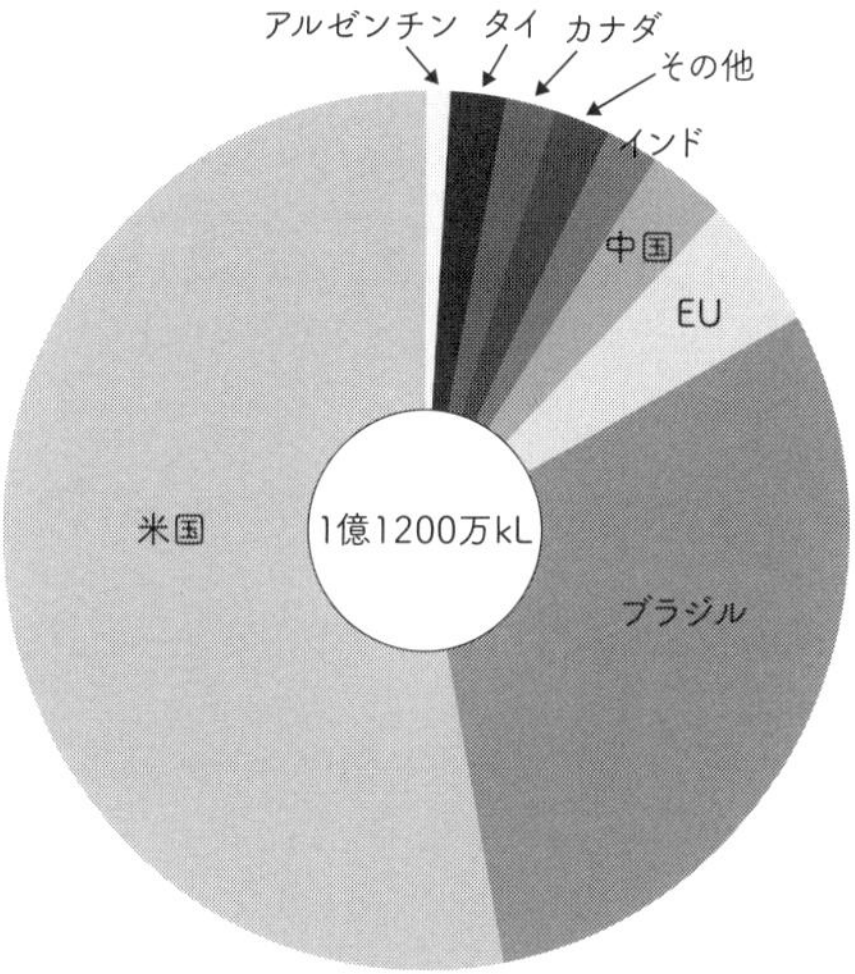

れたエタノールは約５７０万キロリットルである。原料はすべてヨーロッパで栽培されたものであり、トウモロコシが49％、小麦が26％、砂糖が10％、リグノセルロースが12％、その他穀物などが２％である。非食料系の原料であるリグノセルロースは12％に過ぎない。

米国がエタノールに力を注いできた理由には、１９６０～70年の大気汚染と関係がある。１９７０年に制定された大気浄化法や燃料無鉛化の取り組みに伴い、環境性に優れたオクタン価向上剤として、エタノールを添加するようになった。さらに、2005年に再生可能燃料基準（Renewable Fuel Standard：RFS）が設けられた。輸送用燃料であるガソリンなどに対して、バイオ燃料の最低使用量（化石燃料への混合比率）を石油精製業者に義務付け、これによってエタノールの需要が急激に高まった。

ブラジルでのエタノールの生産は、1970年代のオイルショックにより国際原油価格が高騰したことが契機となった。ブラジルの原油輸入依存度が高かったために経済に大きな打撃を与えた。このために、ブラジル政府は原油輸入を抑制するため、ガソリンの代替燃料としてサトウキビから生産されるエタノールの利用拡大を目的とした国家アルコール計画「プロアルコール」を導入した。これ以降、紆余曲折はあったものの、エタノール生産量は増加し、2006年に米国に逆転されるまで世界第一位の座を占めた。

■米国でのトウモロコシ生産

米国では「コーンベルト」と呼ばれる中西部がトウモロコシの生産地である。アイオワ州、イリノイ州、ネブラスカ州、ミネソタ州で全体の約5割、これにインディアナ州、サ

図２－３　デントコーンとスイートコーン

ウスダコタ州、カンザス州、ミズーリ州、ウィスコンシン州、オハイオ州を加えた10州で約８割を生産している。

トウモロコシと言うと、食料であるトウモロコシから自動車の燃料を作っている悪者と思っている人も多いと思う。しかし、私たちが食べているトウモロコシは、エタノールを作っているトウモロコシとは全く別物である。

図２－３の左側はデントコーンで牛や豚の飼料となるトウモロコシであり、右側が人間の食料であるスイートコーンである。米国ではデントコーンの生産量は２０２２年では３億５８００万トンであったのに対して、スイートコーンは３００万トンでありわずか１％足らずである。日本においても、飼料用として輸入している量は１５００万トンであるのに対して、国内で作っているスイートコーンは20万トンであり、１・３％に過ぎない。前述したように、米国では２００５年にガソリンにエタノ

ールの混合を義務付けるRFSが制定され、トウモロコシの生産量が大幅に増えた。その増えた分は、すべてエタノールの原料になっている。この間の事情をもう少し詳しく説明したい。

2023年のトウモロコシの生産量は3・84億トンであり、その35％にあたる1・35億トンがエタノール生産用に使われている。2005年の生産量の2・82億トンと比較すると、ちょうどエタノール生産への利用量に匹敵する37％の増加であった。したがって、食料用はもちろん飼料用の供給を圧迫することも起きてはいない。家畜飼料を家畜が食べ家畜も人間の食料になるので、結局はデントコーンから燃料を作るのは食料を圧迫するという意見もあるが、家畜飼料への圧迫はなく実態はそうではない。家畜飼料の最近の高騰化は、ウクライナ紛争や円安のような人為的な事象によって引き起こされている。

一体なぜトウモロコシによるエタノール生産が、「食料対燃料」という構図にあてはめられ悪者になっているのであろうか。おそらくは、2005年から2008年にかけてエタノール生産量の急上昇に合わせるように、穀物価格と商品物価が上昇したことが契機になったと思われる。その後、トウモロコシ生産量は増加したにもかかわらず、穀物物価も商品価格も落ち着いた。しかし、「食料対燃料」という構図は依然として広く認識されている。ぜひ、この機会に思い込みを改めてほしいものである。

逆に米国では、トウモロコシの耕作面積を増やすことなしに生産量を増やし、様々な高度技術で環境負荷の低減を実現している。日本の場合、北海道の平均耕作面積は約24ヘクタールとやや広いが、全国平均はこれより一桁小さくなる。米国では農家一戸のトウモロコシの平均耕作面積が400ヘクタールと広大であり、2000ヘクタール以上の経営をしている農家もある。大型の農業機械やドローンを使い、精密農業の技術を駆使して数名の家族で経営しているのも珍しくない。トラクターに搭載したコンピュータのスクリーンには耕作地の作物の種類、単収、栄養状態などが示され、これに対応して施肥や作付けができる。ミクロな土壌の肥沃度がわかるので、これに従って、水、施肥を適切に行い無施肥や二重施肥が避けられる。

現在は、トウモロコシの単収は1エーカーあたり平均175ブッシェル（10・8トン／ヘクタール）であるが、1930年代は24ブッシェル（1・5トン／ヘクタール）だった。驚くことに、90年で7倍以上に単収が増加している。さらに2030年には200ブッシエル（12・4トン／ヘクタール）へと増産を図っている。一方、2032年には2023年より耕作面積は5％減ると予想されている。

全米の2023年のトウモロコシ生産量は3・84億トンであった。しかし、在庫があるためにトータルで4・21億トンある。5100万トンは輸出されているが、余剰分も十分ある。トウモロコシからエタノールを作っても生産に余裕があり、これからも原料であるトウモロコシの増産が見込まれ、当分の間は供給不足になることはないと予想される。

環境再生型農業に取り組んでいるトウモロコシ生産農家も増えている。すなわち、不耕起栽培により土壌の流出を防ぎ、被覆植物であるクローバーなどをトウモロコシの植え付け前に植えて、雑草の繁茂を防ぎ、これにより窒素が供給され微生物も増え、家畜排泄物の利用によりカリウムやリンも供給されるような農業体系である。

■ブラジルでのサトウキビ生産

図2－2に示したように、ブラジルはエタノールの世界第二の生産国である。原料はサトウキビであり、2020年の生産量は7億5700万トンである。サトウキビは砂糖の

原料でもあり、エタノールは砂糖を生産するプロセスで出てくる廃糖蜜（モラセス）を主に使う。サトウキビを搾ってケーンジュースを得た後の残渣であるバガスは、再生可能な燃料として熱利用や発電に使えるという利点がある。これにより、エタノール生産に必要な化石燃料の投入量を削減でき、脱炭素に貢献できる。

サトウキビは主にブラジルのサンパウロ州やその周辺で耕作されているが、最近は耕作地が減ってきている。このために、内陸部でトウモロコシが作られるようになってきた。ちなみに、砂糖の生産量は年間で３５００万トンから４０００万トンである。サトウキビは収穫しなければ数日で腐敗するが、トウモロコシにはその心配がなく二期作もでき、長期保存できるメリットがある。

■国産原料の可能性

現在はエタノールを全量輸入しているが、日本でエタノールの原料を生産できるのであろうか。日本には耕作放棄地と呼ばれる土地がある。放っておけば荒れ地になり、元に戻すには時間も費用もかかる。この土地にエタノールの原料となる作物を植えることは、エタノールという環境負荷の低い燃料を作ると同時に、農地の保全にもなる。すなわち大げさに言えば、エネルギーの自給率向上や食料安全保障にもつながってくる。作物としてはコメとトウモロコシが候補に挙げられる。

耕作放棄地は42・3万ヘクタールあるとされている。ここに多収米を植えることとする。単収については、最近農研機構が報告している多収米の研究成果から1ヘクタール10トンとする。計算上は、多収米では190万キロリットルのエタノールの生産が可能となる。トウモロコシを植える場合には、1ヘクタールあたり9・1トンの収量となり、エタノールを154万キロリットル生産できると試算される。トウモロコシを原料とした場合、エタノールの他に、家畜飼料も併産される。日本は濃厚飼料を年間で約2000万トン輸入している。エタノール生産に加えて家畜飼料が併産できることは、食料の自給率を向上させる点でも意味がある。特に、米国から輸入されている家畜飼料はDDGSと呼ばれ乾燥されているが、エタノール工場の近くで畜産業が営まれている場合は、乾燥の必要はないのでエネルギー的にも有利になる。

日本は米国やブラジルのような国土の広い国とは違い、耕作面積に限りはあるものの、耕作放棄地を利用してコメやトウモロコシを植えて、エタノールを生産することは大きな意味がある。２０４０年ではガソリン消費量は４０００万キロリットル程度と予想される。E10には４００万キロリットルのエタノールが必要になる。仮に、１５０万キロリットルのエタノールが生産できれば、２０４０年にはE10に必要な量の40%程度を賄うことになる。この耕作地は、必要になれば食用となる農産物生産用にも転換でき、耕作地を確保するという意味でも重要である。エタノールは「食料vs燃料」ではなく、「食料ａｎｄ燃料」ととらえるべきであろう。国産バイオエタノールに関しては、第3章でも論考されているので参照して頂きたい。

4. エタノールの製造法

■第一世代バイオエタノールと第二世代バイオエタノール

図２－４に示すように、糖やデンプンを原料とするエタノールを第一世代バイオエタノ

図2−4　第一世代バイオエタノールと第二世代バイオエタノール

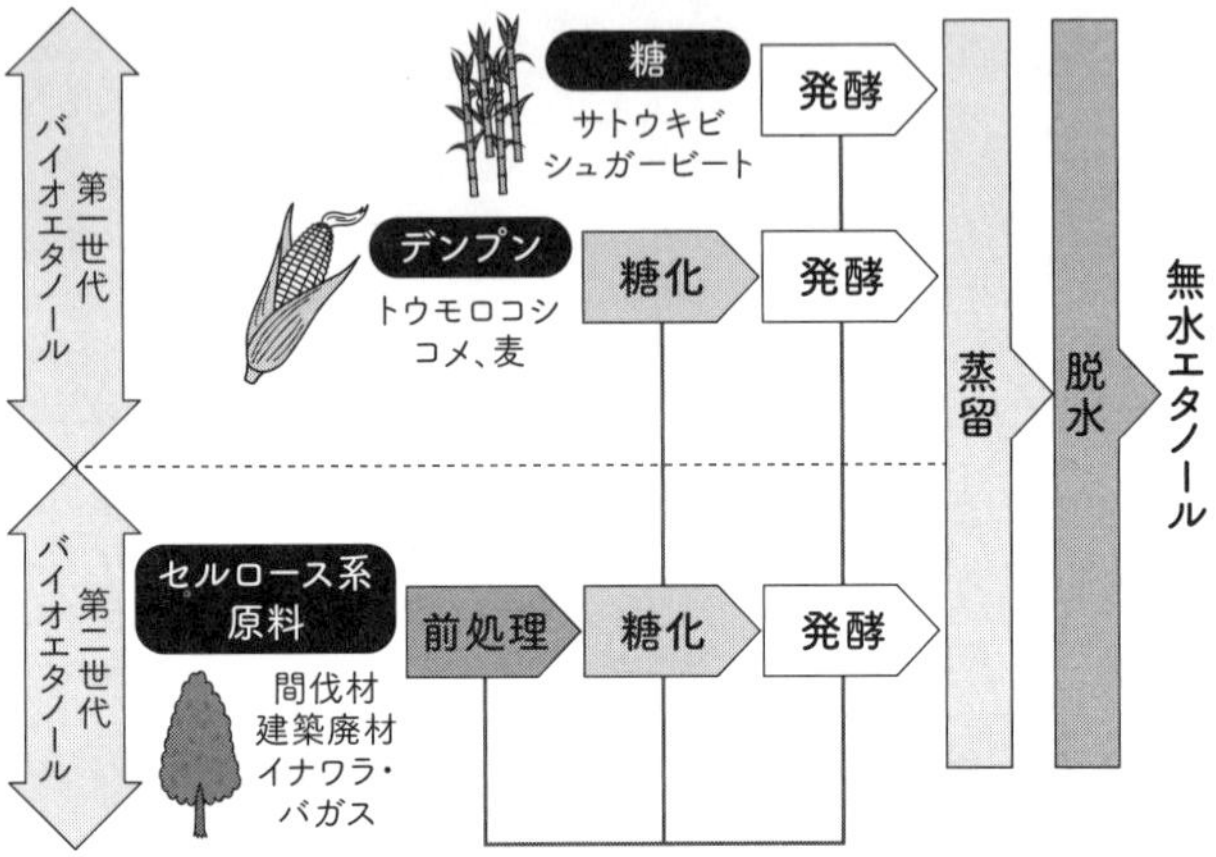

ールと呼び、これに対して、食料とはならない植物の茎や葉を原料とするエタノールを第二世代バイオエタノールと呼んでいる。後者は直接的に食料と競合しないという理由で研究開発が進められている。

茎や葉はリグノセルロースからできている。これはセルロース、ヘミセルロース、リグニンが主成分であり、セルロースやヘミセルロースはグルコース（ブドウ糖）からできている。前処理とは、セルロースやヘミセルロースをリグニンから分離するプロセスである。デンプンもグルコースからできているが、両者の違

図2－5　トウモロコシからのエタノール製造法

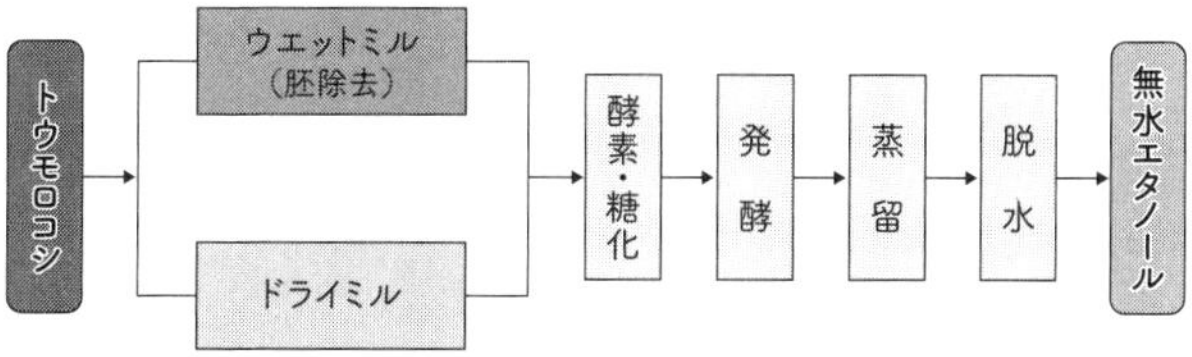

いはグルコースの並び方による。例えて言えば、デンプンはコインの表だけが連結しているのに対して、セルロースはコインの表と裏が交互に連結した構造をしている。これだけの違いではあるが、糖化のしやすさは各段に違う。デンプンの場合は、この結合が酵素で簡単にバラバラになるが、セルロースの場合は、硫酸や塩酸のような強い酸が必要である。酵素も使えるが、効率の点やコストの点でまだ本格的な商業生産には至っていない。トウモロコシの茎や穂軸、サトウキビの搾りかすであるバガスも第二世代バイオエタノールの原料になる。技術的な課題は多いが、将来は第二世代バイオエタノールも増えていくことが期待される。

トウモロコシからエタノール製造

エタノールの原料は、デンプンを原料とするトウモロコシ、コメ、麦などの穀物と、糖分を原料とするサトウキビやシュガービートのようなものに分けられ、製造法が異なる。図2－5は、トウモロコシからのエタノール製造プロセスである。

トウモロコシの穀粒はそのままではエタノールにならないので、穀粒を機械的に粉砕するドライミル方式と、穀粒を温水に浸して分解するウエットミル方式がある。トウモロコシの成分は、デンプンが63％から65％、タンパク質・脂肪・繊維分などが35％から37％である。トウモロコシに含まれるデンプンは糖化されエタノールの原料になるが、タンパク質や脂肪は栄養価が高いので家畜飼料として利用できる。ウエットミル方式では、この家畜飼料となる副産物を効率よく抽出できる。

エタノールを作るには、デンプンを分解してグルコース単体にしなくてはならない。このデンプンをグルコースにする反応を糖化という。糖化にはアミラーゼという酵素が必要である。このグルコースに酵母を作用させると、エタノールとCO_2に分解する。これをエタノール発酵と呼ぶ。この発酵過程では、1分子のグルコースからエタノールが2分子とCO_2が2分子できる。エタノールの分子量が46、CO_2の分子量が44であるので重量で、ほぼ同じ量のエタノールとCO_2ができてくる。

お酒として飲むエタノールの濃度は、ビールが５％前後、日本酒やワインは15％前後、ウイスキーが40％前後であるが、燃料用のエタノールの濃度は99％以上である。発酵過程で得られるエタノールの濃度は、10％程度であり90％は水分である。エタノールの濃度を上げるには、水分を除去しなくてはならない。通常は蒸留によって濃縮を行う。蒸留とは沸点の違いを利用して目的物質を得る方法である。大気圧下では、水の沸点は１００℃、エタノールの沸点は78℃なので、この差を利用することになる。しかし、蒸留を何度繰り返してもエタノール濃度は最大で96％で、これ以上濃縮はできない。この現象を共沸という、この状態になると、液相の組成と気相の組成が同じになる。96％から99％以上に濃縮するには、蒸留以外の方法をとらなくてはならない。ベンゼンのような第三物質を加えて共沸蒸留をしたり、吸着や膜利用による分離をしたりして、高濃度エタノールを得る。この99・５％以上のエタノールを無水エタノールと呼んでいる。エネルギー的に見た場合、10％のエタノール濃度を90％にまで濃縮するエネルギーと90％から99・５％にまで濃縮するエネルギーはほぼ同等と言われている。

米国のトウモロコシ１トンから、エタノールが約４４０リットル（約３５０キログラム)、CO_2が350キログラム、家畜飼料のDDGSとコーンオイルが316キログラムとれる。したがって、トウモロコシからはエタノール、CO_2、家畜飼料が重量比でおよそ1：1：1の割合で生産されている。このCO_2は純度が99％と非常に高いのが特徴である。脱炭素の流れの中で、CO_2を炭素源として液体燃料を製造する動きが活発化している中、このCO_2はバイオマス由来でグリーンであり、かつほとんど不純物を含まないクリーンな合成燃料用の炭素原料として注目されている。

米国では、ほとんどすべてのガソリン車はE10で走行している。E15やE85も一部ではあるが販売されている。ちなみに、ガソリンスタンドは約16万ヶ所あり、E15とE85を扱うガソリンスタンド数は全体のおおよそ2％程度である。

■サトウキビからエタノールの製造

ブラジルではエタノールは主にサトウキビから生産されている。サトウキビはもともと砂糖の原料であり、今でもブラジルでは砂糖を生産している。前述したように、砂糖を作り精製する際に発生する廃糖蜜を使ってエタノールを作るのが一般的である。廃糖蜜とは、サトウキビの搾汁液を濃縮した精糖原料から、砂糖を繰り返し結晶させ砂糖を取り出した後の黒褐色の残渣である。この中にはまだ糖分が含まれているので、発酵してエタノールを作ることができる。ブラジルではエタノールの製造に、この廃糖蜜とサトウキビの搾汁液であるケーンジュースを使っている。デンプンではなく糖が原料となり、糖化するプロセスが不要なので、図2－5の糖化するプロセスを省略できることになる。すなわち、サトウキビの搾汁液そのものと、搾汁液を濃縮し砂糖を取り出した後の廃糖蜜を酵母で発酵してエタノールを得ることができる。この濃縮と脱水プロセスは、トウモロコシからのエタノール製造プロセスと共通する。

ブラジルでは最近、エタノールの原料としてサトウキビの他に、内陸部のマットグロッソ州、パラナ州、ゴイアス州、マットグロッソドスル州などでトウモロコシも生産されている。二期作が可能になってから、生産量が増加し主に輸出に仕向けられるようになった。2021年のトウモロコシ由来のエタノール生産量は約280万キロリットルであり、これはブラジルでのエタノール生産量の10％弱に相当する。2022年ではエタノール生産量3300万キロリットルのうち、400万キロリットルがトウモロコシからであったが、

2030年では3600万キロリットルのうち800万キロリットル、すなわち4分の1がトウモロコシ由来のエタノールになると予想されている。

ブラジルでは2015年以降、E27を義務付けている。すなわちガソリンへのエタノールの混合割合は27%以上となっている。ガソリンスタンドでは、消費者にはエタノール100%のE100とE27が販売されている。販売されている自動車は、ガソリン100%でもエタノール100%でも、さらには、それらをどんな割合で混合しても走行できる前述したフレックス燃料車であり、消費者は価格と燃費を考慮しながらその都度燃料を選択している。

5. エタノールの導入効果と普及状況

■パリ協定とカーボンニュートラル宣言

2015年にパリで開かれたCOP21において、気候変動抑制に関する国際的な協定であるパリ協定が採択された。日本は２０１５年に独自のＧＨＧ削減目標を、２０１３年度比で２０３０年に26％削減すると定めた。しかし、２０２０年に２０５０年を目途にカーボンニュートラル宣言をし、２０３０年の目標を46％削減と引き上げた。

輸送部門のCO_2排出量は、日本全体のCO_2排出量の約19％であり、その中では乗用車から排出されるCO_2は半分弱の48％である。残りが営業車や航空機や船舶などからの排出量である。したがって、乗用車からのCO_2排出量は相当大きな割合を占めている。ディーゼルを使う営業車やケロシンを使う航空機は、植物油由来の燃料を使うなどの対策が求められる。

さて、乗用車部門では２０３０年までにどの程度のCO_2排出を削減しなければならないのだろうか。２０３０年度の削減目標量は２０１３年度を基準としているが、２０２１年度を基準にした場合は１８８５万トンのCO_2を削減しなければならない。環境省は、これを従来車の燃費改善と次世代車の導入によって達成できると試算している。もちろん、これで削減目標が達成されれば問題はないが、これに対してエネルギー総合工学研究所からの興味ある報告がある。これによれば、次世代車の導入を相当大目に見積もっている政府目標を採用しても、目標のCO_2削減達成は困難であるという結論である。しかし、従来車やＨＶ（ハイブリッド車）やＰＨＶ（プラグインハイブリッド車）に、エタノールを10％混合したＥ10を使うことで、ほぼ目標が達成されるという報告である。

脱炭素に向けてエタノールをガソリン代替に使うにあたり、わが国では、エタノール燃焼ではCO_2排出量をゼロとしている。しかし、ＬＣＡ（ライフサイクルアセスメント）的な評価、すなわち原料であるトウモロコシの生産に必要な耕作、肥料、農薬などに関わる化石エネルギーからのCO_2排出量やエタノール製造に必要な天然ガスなどの投入エネルギーからのCO_2排出量を求めることも重要である。エタノールはガソリンの代替に使うので、ガソリンの燃焼で発生するCO_2量とエタノールの燃焼で発生するCO_2量を比較して、前者より後者が多ければ意味がないことになる。単位熱量（ＭＪ：メガジュール）あたりのCO_2排出量をＣＩ（Carbon Intensity）と呼び、CO_2排出係数とかCO_2排出原単位と称することもある。わが国ではライフサイクル的な観点からも58％のCO_2排出削減効果があるとされ、エネルギー供給構造高度化法の基準を満たしている。米国産エタノールに関しては、トウモロコシの生産性向上やエタノールの製造プロセスの省エネル

図2－6　世界のエタノール混合ガソリンの導入状況

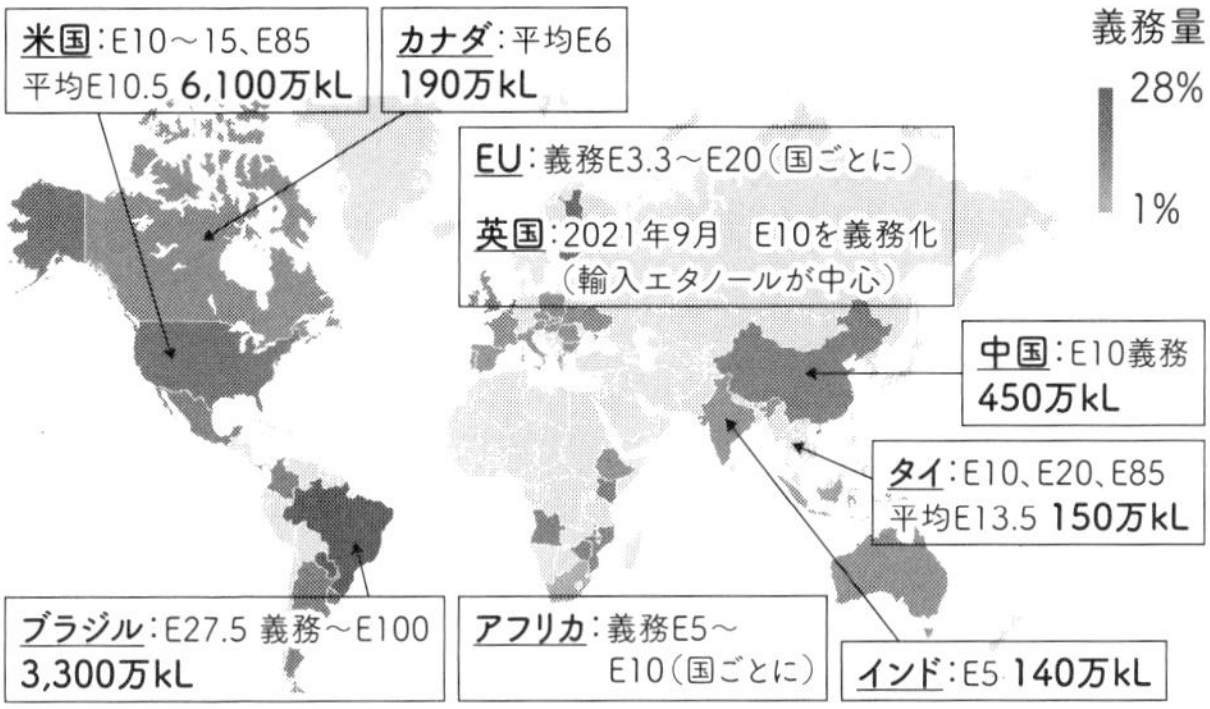

ギーや再生可能エネルギーの導入に加えて、併産されるCO2のCCS（Carbon dioxide Capture and Storage; CO2の地中隔離技術）などにより、さらに削減効率が向上するものと期待されている。

■世界におけるE10普及状況

ガソリンから排出されるCO2削減のために、世界の多くの国ではE10が使われている。図2－6は世界のエタノール混合ガソリンの導入状況である。北米はもとより、ブラジルではE27からE100まで、ヨーロッパは国ごとに違うがE3・3からE20、中国でもE10を義務化、タイは平均でE13・5、インドもE5が導入されている。いわば、E10は世界の標準的な混合率になっている。EV（電気自動車）に熱心な英国でも、２０２１年からＥ10導入を義務化している。さらに、タイ、インド、フィリピンなどではＥ20を志向している。なぜ、このような状況になっているのであろうか。

大きな理由のひとつは、CO_2削減に即効性があるということである。ガソリンに混合するだけで、混合したエタノールの分だけCO_2削減になるからである。次いで、ＥＶやＦＣＶ（燃料電池車）には充電器や水素供給設備が不可欠であるのに対して、エタノール混合ガソリンは従来のガソリンスタンドが使える。つまり、インフラ整備費用がほとんどかからないという利点がある。さらに、現状ではＥＶ、ＰＨＶ、ＦＣＶは車の価格そのものが高いという欠点がある。多くの国でＥＶ普及のために、多額の補助金を出していることは日頃のニュースの伝える通りである。結局、CO_2を削減するのに必要なコストが、Ｅ10などエタノール混合ガソリンが最も安価ということになる。さらに、前述したようにエタノールはオクタン価が高いので、オクタン価向上剤に使われているＢＴＸ（ベンゼン、トルエン、キシレン）に代替することができる。ＢＴＸは燃焼すると発がん性物質になると指摘されており、エタノールの混合は環境にも人間の健康にも有益であるとされている。

■日本のエタノール導入状況

さて、日本ではどうなのであろうか。実は日本でもエタノールがすでにガソリンに添加されている。前述したように、エタノールそのものではなくETBE（エチル・ターシャリー・ブチル・エーテル）という物質に変換されて混合されている。しかも、その割合はE1・7程度と非常に小さい。

日本でのガソリンへのエタノールの混合は、エネルギー供給構造高度化法という法律によるものである。2017年にこの法律に基づく告示により、年間でエタノールを原油換算で50万キロリットル導入することになった。これはエタノール約83万キロリットルに相当する。当時、エタノールを直接ガソリンに混合すると、水と親和性が強く水を吸収し燃料に悪影響の恐れがあるとされた。そのために、水と混合せずガソリンと親和性の強いETBEに変換して混合することになった。しかし、世界を見渡してもETBEを混合している国はなく、直接エタノールを混合して不都合が生じている例はない。世界ではごく普通にE10を使っているので、日本でも早急にETBEから直接混合に改めるべきである。

これまで告示改正が二度あり、対ガソリン比のCO_2削減率の変更があった。当初、エタノールのCO_2排出削減率は対ガソリン比で50％であったが、2018年度に55％に引き上げられた。しかし、エタノールの導入量は依然として原油換算で50万キロリットルに据え置かれたままである。次期第7次エネルギー基本計画に、少なくとも直接混合によるE10導入を明記していただきたいと要望するものである。

E10を導入するにあたっては法律的にはほとんど問題はない。揮発油等の品質の確保等に関する法律（品確法と呼ばれる法律）でも改正の必要はない。日本の多くの自動車会社ではE10対応の自動車を作り輸出をしているが、一部E10対応ではない自動車もある。これは国土交通省のE10対応の個別認定を受ける必要があるが、大きな障害ではない。いずれにせよ、日本でE10導入を妨げる大きな問題はなく、CO_2削減にも大きな効果がある施策を進めるべきであろう。

■E10の優位性

従来車の燃費の改善は、運転する立場ではコスト負担はないので受け入れられやすいが、燃費改善と次世代車の導入だけでCO_2排出削減の目標達成が難しいことは前述した。次世代自動車の切り札とも言えるEVには、もちろんその利点もある。軽便で近距離の輸送手段としてはそれなりの価値がある。しかし、価格が高いこと、走行距離が短いこと、充電設備が不十分なこと、バッテリーが重いために重量の重い荷物を運ぶのが困難であること、寒冷地では冬季にはバッテリー性能が低下し走行距離も短くなるなどの弱点がある。EVには充電設備が必要であるように、FCVには水素ステーションのような供給インフラ整備が必要である。E10で走るエンジン車を搭載した車は、次世代車に比べてその優位性は明らかである。

EVのCO_2排出削減効果という観点から興味ある報告がある。ボルボ社が自社のガソリン車とEVのライフサイクルでCO_2排出量を比較した結果である。結論から言えば、EVのCO_2排出量がガソリン車より少なくなるのは、電源構成が世界平均の場合は11万キロメートル、EUの平均電源構成では7・7万キロメートル以上走行した場合である。ただしEVの電源がすべて風力のような再生可能エネルギーの場合は、4・9万キロメートル以上走行した場合となる。日本の自動車の平均耐用年数は13・8年で寿命までに走行する合計の走行距離は10万キロメートルから15万キロメートルとされている。世界の発電電力量の中で化石燃料の占める割合は約65％であるが、日本の場合は約80％である。日本の場合では、ＥＶでガソリン車の寿命まで走行して、やっとガソリン車が排出するCO_2量と同等になる。したがって、決してＥＶが有利とは言えない。その間、バッテリーを交換しなければならず、バッテリーの主な原料となるニッケル、コバルト、リチウムなどのレアメタルの原料の枯渇も懸念されている。第3章では、別の資料に基づいてＥＶとガソリン車から排出されるCO_2量に関して論考されている。

ガソリン車のコア技術である内燃機関（エンジン）の製造では世界に冠たる位置を占める自動車産業は、日本の経済を牽引する基幹産業であることは言うまでもない。資材調達、製造、販売、整備、運送など自動車産業の直接、間接的な就業人口は550万人とも言われている。この雇用を守るというよりも、持続的な発展をするためには、内燃機関の自動車の性能を生かすためにもＥ10の導入を急ぐべきと考える。

エタノールの価格について、ガソリンより非常に高いという誤解があるが、最近はガソリン価格の高騰もあり、十分に太刀打ちできる価格になっている。事実、図2－7に示す

図２－７　中川物産でのE7販売

ように、名古屋では日本で唯一の直接混合のE３とE７ガソリンを販売している中川物産という会社がある。ここでは、E３やE７がレギュラーガソリンより安く販売されている。政府は高騰するガソリンを含む燃料価格に対して、２０２２年から激変緩和措置として多額の補助金を石油元売りに支給している。このような政策よりも、CO_2削減に効果のあるE10の普及を進める政策に転換すべきではないかと考える。

　E10の原料となるエタノールはすでに述べたように、将来は国産で必要なエタノールを賄うことも想定し、それなりの準備は必要であるが、当面は米国産のトウモロコシ由来のエタノールを頼るのが現実的である。米国のトウモロコシは当初E15を想定して生産されており、生産設備にも余裕があり、供給余力もありそうである。何よりも耕作地を増やすことなしに生産効率が向上し、生産量が増えている。一方で、米国に次いでエタノール生産をしているブラジルも輸出余力がありそうである。米国はトウモロコシ、ブラジルはサトウキビと原料が異なっており、米国が北半球、ブラジルが南半球にあることは、自然災害や疫病に関してリスク回避に繋がっている。両者は相互補完的な関係にあると考えるべきである。

同時に長期的な視野から、国産のエタノール生産を考えてはいかがであろうか。わが国はエネルギー資源、特に原油の90％を中東に依存している。環境負荷の低いエタノール生産用の原料であるコメやトウモロコシを、耕作放棄地で栽培することは、国産エネルギーの供給と農耕地の確保に寄与できるので、大いに意義がある。

6. おわりに　カーボンニュートラルへの架け橋

２０５０年でカーボンニュートラルを乗用車で実現するには、製造から燃焼まですべてのプロセスを含めてCO_2排出のないＥＶやＦＣＶに加えて、カーボンニュートラル燃料を使用するしか他に方法はない。特に、内燃機関で走る自動車にはカーボンニュートラル燃料しかない。例えば、ＤＡＣ（Direct Air Capture）により空気中に０・04％存在するCO_2を99％まで濃縮し、これと水力、太陽光、風力などの再生可能エネルギーにより水を電気分解して作った水素を反応させて作る合成燃料である。しかし、予想されるように合成燃料の製造には技術的な多くの課題とコストの課題があり、早期の実現は容易ではないと思われる。経済合理性のある合成燃料を使って内燃機関で走行するには、相当の時間がかかるものと思われる。米国のエネルギー情報局（ＥＩＡ）によれば、米国では２０５０年でも新車販売台数の約８割は内燃機関を搭載した自動車が走行していると推定している。国際再生可能エネルギー機関（ＩＲＥＮＡ）は、２０４０年でも内燃機関で走行する自動車は55％と推定している。すなわち、完全なカーボンニュートラル燃料が使われるまでの、いわゆる過度期は相当長く、それまではエタノールのガソリンへの混合が、即効性がありかつ現実的な手段である。その意味でもＥ10の実現を急ぐべきである。

コラム　トウモロコシから航空燃料を作る

航空業界ではSAF（Sustainable Aviation Fuel: 持続可能な航空燃料）が重要視されている。脱炭素に向けて航空業界も例外ではなく、従来の石油由来の航空燃料であるケロシンではなく、CO_2排出削減に貢献できるSAFの利用が求められている。もとより航空業界での脱炭素には、最短距離を飛行する経路の改善や軽量化や抵抗の少ない新型飛行機の採用などもあるが、燃料のSAF化が大きな役割を示す。

SAFはバイオマス由来の原料を使うことが基本であるが、エタノールを原料としてのATJ（Alcohol to Jet）法で作る方法は、植物油を原料とするHEFA（hydro-processed Esters and Fatty Acids）法と並んで有力なSAF製造技術である。廃食用油は廃棄物でもあり価格面でも有利であるが、その供給量に限界があり、その次の手段としてはATJが本命と見られている。

図2－8に占めすように、ATJ法は、エタノールをまず脱水してエチレンを作る。触媒にはゼオライトと呼ばれる酸化アルミニウムと二酸化ケイ素の化合物を用いる。これは

図２−８　ATJ プロセスの概要

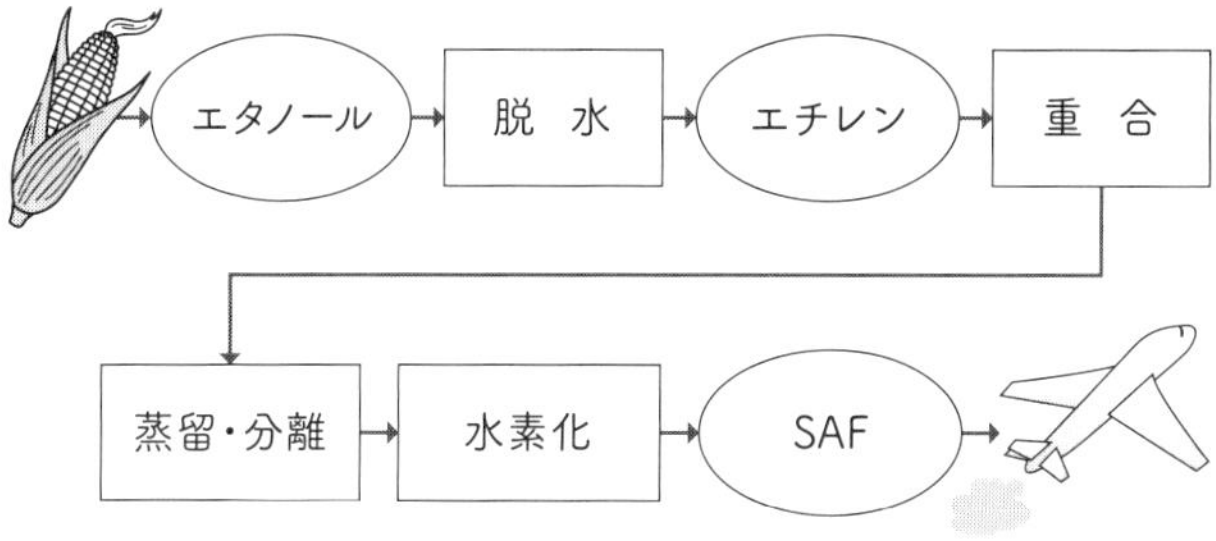

３次元の構造をしており、小さな穴があいているのが特徴である。次いで、アルミナ触媒を使ってエチレンを重合して炭素数が8から16のオリゴマー（エチレンが２つ以上結合した重合物）を作る。これは不飽和化合物なので、安定化するためにニッケル触媒を使って水素化を行い、さらに蒸留により目的とするＳＡＦを作る。

米国ではＡＤＭ社がＧＥＶＯ社にエタノールを提供して、最大で年間２００万キロリットルの生産を計画している。日本でも、出光興産や三井物産と提携したコスモ石油や太陽石油が輸入エタノールを原料としてＡＴＪ法でＳＡＦを製造する計画が進んでいる。

参考文献

・エネルギー白書（経済産業省編）、２０２２年版
・Carbon footprint report, Battery electric XC40 Recharge and the XC40 ICE, https://www.volvocars.com/images/v/-/media/Market-Assets/INTL/Applications/DotCom/PDF/C40/Volvo-C40-Recharge-LCA-report.pdf
・浜本哲郎、澤一誠、岸岡三春・;第一世代のバイオマス由来のバイオ燃料、エネルギー・資源、46－49、44巻（3号）２０２３年
・未来の食糧危機はコメが救う⁉ 収穫量１・5倍の「飛躍的」多収技術――未来コトハジメ (nikkeibp.co.jp)
・図解でわかるカーボンニュートラル燃料、ＣＮ$_2$燃料の普及を考える会、技術評論社、２０２２年
・森山亮、澤一誠、わが国における運輸部門のＣＯ$_2$排出削減に対するバイオエタノール導入の効果、季刊エネルギー総合工学、１－９、43巻（４号）２０２１年
・日本国温室効果ガスインベントリ報告書、国立環境研究所、２０２２年
https://www.nies.go.jp/gio/archive/nir/jqjm10000017uzyw-att/NIR-JPN-2022-v3.0_J_GIOweb.pdf
・日本におけるバイオエタノールの利用について、資源エネルギー庁、２０２３年11月
https://grainsjp.org/cms/wp-content/uploads/dlm_uploads/89724159a4757ba469c24554fa52e93f.pdf
・アメリカ穀物協会ニュースレター Network No.193, ２０２３年12月

第3章
エタノールで走るハイブリッド車は電気自動車に勝てるか?

小島正美

1．米国のエタノールはどこまで進化したか

■ハイブリッド車と電気自動車

電気自動車（EV）は走行中に二酸化炭素（CO_2）を排出しないから、環境にやさしいと思っている人がほとんどだろうが、それは本当だろうか。

電気自動車は製造過程で大量のエネルギーを使うため、製造時点ではガソリン車の2倍以上の二酸化炭素を排出するという事実を知る人はほとんどいない。

しかも、「走行中は二酸化炭素を出さない」と言われているが、化石燃料を使う火力発電で生まれた電気を使って走れば、結果的に電気自動車も二酸化炭素を排出したことになる。このことも案外と知られていない。

では、トヨタが開発した「プリウス」のような燃費の良いハイブリッド車が、ガソリンではなく、カーボンニュートラル（二酸化炭素の排出量は差し引きゼロ）なエタノール（アルコール）を燃料にして走ったら、どうなるのだろうか。

その問いに答えるのが本論の核心にあたる。その重要な部分を知るためには、まずは車の燃料として注目されているエタノールがどういうものかを理解しておく必要がある。

車はアルコールでビュンビュン走る

世界ではごく常識となっているのに、日本ではほとんどの人が知らない非常識というケースがいくつもあるだろうが、車の燃料の「E10」はその最たるものだろう。

「E10」は、通常のガソリンにエタノールが10％混合されているガソリンのことだ。「E10」の「E」はエタノール、「10」は10％の意味だ。エタノールはエチルアルコールで、簡単に言えば、アルコールである。そのエタノールはトウモロコシやサトウキビなどの植物の糖やデンプンを発酵して作られる。石油や石炭のような化石燃料と違い、植物由来という点がエタノールの大きな特徴である。

そんな植物由来のアルコールで車が走るのかといぶかる人がいるかもしれないが、それは「車はガソリンで走るもの」という固定観念があるせいだろう。でも、心配はご無用。車はアルコールでビュンビュン走ることができる。

歴史をさかのぼれば、20世紀初頭、米国のフォード社が最初につくった車「T型フォード」はアルコールとガソリンの両方で走る車だった。車の燃料がアルコールというのは決して異端でも奇想天外でもなんでもない。スピードを競うレーシングカーの世界三大レースのひとつとされる「インディカー」シリーズで走るレーシングカーは２００６年からエタノールを使っている。現在はなんとエタノールが85％も混合された「E85」を使ってレースを競い合うなどエタノールが当たり前になっている。

ただ、こういうエタノールと車の話題はメディアではあまり報じられないため、世界中で「E10」が普及していると聞いても、ピンとこない人が多いだろう。日本では「E10」が全く普及していないため、その存在すら知らない人がほとんどではないだろうか。

世界では「E10」ガソリンがあたりまえ

しかし、海外に目を転じると「E10」の車がごくごく普通に走っている。

なんと米国や英国、カナダではガソリンにエタノールを10％混ぜることを法律で義務づけている。フランスのガソリンスタンドに行けば、「E10」や「E85」と表示された数字が目に入る（写真1）。この表示があれば、お客は「E10」を楽々と給油できる。今や「E10」はオランダ、ドイツ、スペイン、豪州、メキシコ、タイ、中国、インド、ベトナムなど数多くの国で見られるようになった。

エタノールの生産が米国に次いで2番目に多いブラジルでは、混合比率が27％と義務づけられ、「E27」はもちろん、「E85」や「E100」も販売されている。ここまでエタノールが普及しているのは、どの混合比率にも対応して走ることができる「フレックス燃料車」（後半で詳述）が普及しているからだ。

写真1　「E10」を売るフランスのスタンド

「E10」から見ると、日本だけが世界の趨勢から取り残されていることがおわかりだろう。なぜ、こんな状況になったかと言えば、日本の大手メディアが関心を示さず、政治家も無関心だからだ。日本のガソリンスタンドにエタノールを意味

する「E」と記された看板があれば気づくだろうが、残念ながら、それがない。

実は、後述するように名古屋市の中川物産は日本で初めて「E7」を販売しているのだが、メディアがしっかりと伝えないせいか、「E7」のことさえほとんど知られていない。世界の常識をメディアが伝えていない責任は重い。

■岸田・バイデンの共同声明に「エタノール」

では、エタノール生産の最先端を行く米国に目を転じてみよう。そこには、日本では想像もできないほどにエタノールの技術革新が進んでいた。

2024年4月下旬、米国のエタノール事情を視察した。エタノールの原料となるトウモロコシの栽培からエタノールを作る工場までを見て回ったのだが、それは驚きの連続であった。

ワシントンD.C.にある、米国のエタノール生産事業者で組織した業界団体「グロース・エナジー」(Growth Energy・ワシントン)を訪れた。事務所はホワイトハウスの近くにある。レクチャーを始めるや、クリス・ブライリー副社長(規制担当)が一枚のスラ

写真2　岸田総理・バイデン大統領の共同声明のスライドを見せるブライリー氏

イドを見せた。そこには岸田総理とバイデン大統領が4月に共同声明を出したときに握手する姿が映っていた。ブライリー氏はいきなり「今度の共同声明の中にエタノールの利用拡大という文言が入ったことに感謝している」と笑みを浮かべて説明した（写真2）。共同声明にそんな事実が盛り込まれていたとは全くの初耳だった。恥ずかしながら、そんな重要な事実をそれまで全く知らなかった。

今米国ではエタノールの生産工場が全米に約200カ所もある。

世界一位のエタノール生産を誇るだけあって、いずれ日本への輸出を考えているのだろうが、共同声明でその見通しが立ったというわけだ。米国産エタノールが日本に入ってくるとなれば、日本の石油関連業界にとってはビッグニュースのはずだが、日本でニュースになった形跡はない。

それでも気になって帰国後、日米共同声明に関するNHKのニュースをネットで見てみた。その内容は「アメリカを訪れている岸田総理大臣はバイデン大統領と会談し、自衛隊とアメリカ軍の指揮・統制の向上など、防衛協力を深めるとともに、経済安全保障や宇宙など幅広い分野での連携強化を確認しました。また地域情勢をめぐり、中国の力と威圧による行動に強く反対していくことで一致しました」（4月11日）といったもので、エタノールという文字は出てこなかった。

日本の大手メディアはやはりエタノールへの関心は低いようだ。低いというか、そもそもエタノールに関する動きをほとんど知らないと言ってもよい。

日本ではトウモロコシから作られたエタノールを車の燃料に使うという話題になると必ずと言ってよいほど「人が食べる食料を犠牲にして、燃料にするのは倫理的にどうなのか。

図３－１　コーンの生産量と面積の推移

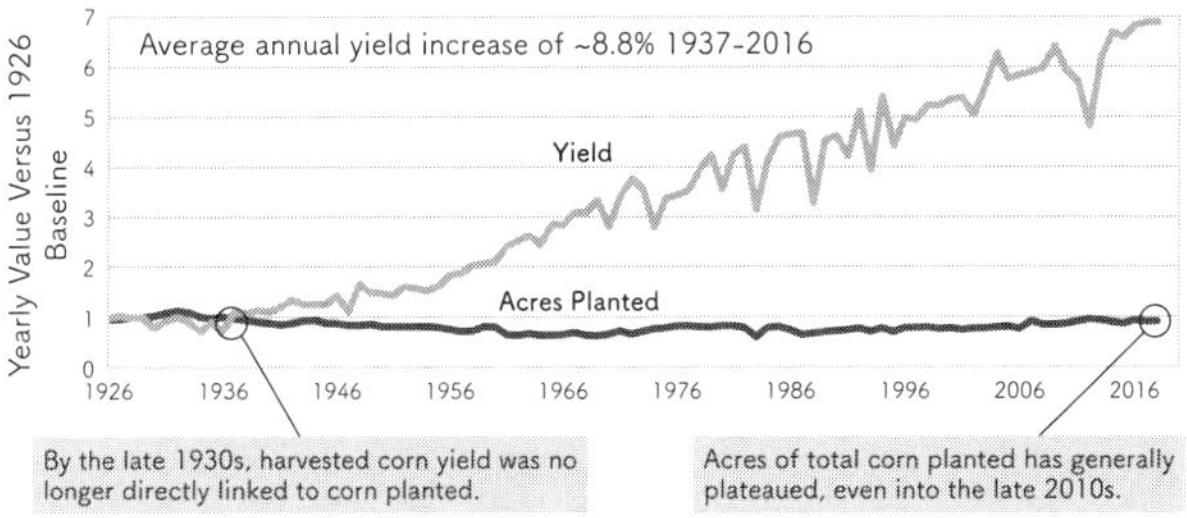

燃料用トウモロコシを作るために農地を拡大すれば森林破壊にもつながる。食料の価格も上がる」といった疑問の声が飛び出す。いわゆる「燃料と食料の競合論」である。食料との競合に関しては後でも詳しく述べるが、ブライリー氏は１枚のスライド（図３－１）を見せて次のように話した。

「この90年間でアメリカのトウモロコシ生産量は約７倍に増えた。その一方、農地の面積は全く増えていない。トウモロコシの収量が増えているのは農地面積を増やしているからではないか、という誤解があるようだが、そういう事実はない」。

スライド（図３－１）の中の２本の折れ線を見れば、トウモロコシの生産量（Yield）は右肩上がりに上昇し続け、農地の面積（Acres）は横ばいなのがわかるだろう。生産性が上がれば、価格は上がらない。エタノールはまだまだ航空機の燃料をはじめ、供給余力があるのだ。

これも意外に知られていないが、エタノール向けのトウモロコシはそもそも人が食べるスイートコーンではなく、家畜の飼料となるデントコーンだ。トウモロコシからはエタノールだけを作っているのではなく、家畜の飼料も作っている。トウモロコシはエタノールと飼料の供給の二刀流なのである。

■エタノールはカーボンニュートラル

では、なぜエタノールの燃料が環境に良いかをちょっと説明しておきたい。

エタノールは、トウモロコシやサトウキビなど植物の糖分を発酵させて作る。そのエタノールを車の燃料として使えば、走行中にCO_2（二酸化炭素）は発生するが、そのCO_2はもともとトウモロコシやサトウキビなどの植物が光合成で大気中から取り込んだものだ。つまり、大気中にあったCO_2はいったん植物とエタノールに入るが、燃料として燃やされたあとは再び大気にもどる。CO_2は増えも減りもしない。だから、エタノールはカーボンニュートラル（カーボンは炭素、ニュートラルは中立）というわけだ。ここで言うニュートラルは二酸化炭素の排出が増えも減りもしないゼロという意味だ。

エタノールは有限な化石燃料と異なり、資源循環型経済にふさわしい燃料とも言える。ただし、エタノールを製造する過程で機械を動かす動力などで化石燃料を使ったりするため、エタノールの二酸化炭素排出量が完全にゼロというわけではない。この点について、ブライリー氏は「エタノールはガソリンに比べて、二酸化炭素の排出量は46％少ない」と述べた。およそ半分と覚えておけばよいだろう。つまり、エタノールをガソリンに10％混ぜれば、その分だけ石油系ガソリンが節約されることになる。

日本の温室効果ガスの排出量のうち、約2割は車やトラックなど運輸部門が占める。ガソリンに10％のエタノールを混ぜるだけでも、温室効果ガスの削減効果は大きい。つまり、「E10」の燃料は、ガソリン100％に比べると、CO_2の排出量を削減し、地球温暖化防止になるというわけである。

EV（電気自動車）の普及が予想より鈍い現状では、もはや「E10」の導入は待ったなしの状況である。このままだと2030年度時点で政府CO_2削減目標の半分しか達成出来ないが、2025年度に「E10」、2026年度から「E20」を導入すれば、政府目標の95%までは達成できるという試算がある(日本環境エネルギー開発株式会社の資料参照)。

■革新的事業が進む米国のエタノール工場

これでエタノールの威力がおわかりだろう。

しかし、驚いてはいけない。米国ではエタノールのさらなる低炭素化革命が進んでいるのだ。それは、エタノールの製造過程で発生した二酸化炭素を地中に閉じ込めて貯蔵する「CCS」だ。「CCS」とは、「Carbon dioxide Capture and Storage」の略。日本語では「二酸化炭素回収・貯留」技術と呼ばれている。日本でも石炭火力発電所などで排出されるCO_2を集めて、地中深くに貯留・圧入する実証実験が行われているが、米国のエタノール工場ではすでに実用化の段階に入っている。

エタノール工場の模様をレポートする前にトウモロコシとエタノールに関するミニ知識を知っておきたい。トウモロコシを発酵させてエタノールを作る場合、エタノールになるのはトウモロコシの3分の1、残る3分の1はタンパク質を含む家畜の飼料、そしてもう

３分の１は二酸化炭素（ＣＯ$_2$）となる。つまり、トウモロコシの３分の２はエタノールと飼料に変換できるが、残る３分の１はＣＯ$_2$として排出される。

わかりやすく言い換えると３００万トンのトウモロコシがあれば、ざっと１００万トンのエタノール、１００万トンの飼料、１００万トンのＣＯ$_2$ができるというわけだ。

では、エタノール工場はこのＣＯ$_2$をどう処理しようとしているのだろうか。

米国中部のイリノイ州にある３つのエタノール工場を訪れた。イリノイ州に本社を置くＡＤＭ社（エー・ディー・エム、本社シカゴ・従業員約４万人）は、すでに２つ目のＣＣＳ事業が進んでいた。ＡＤＭ社は世界でもトップクラスの農産物加工・食品原料メーカーで、飼料の原料や健康・栄養食品の原料などを世界に向けて供給している。同本社事務所を訪れると４人の担当者が出迎えてくれた。同社は現在、米国内で７つのエタノール工場を稼働させ、年間約５７０万キロリットル（約15億ガロン）のエタノールを生産している。そして、カナダ、英国、オランダ、韓国などに輸出している。今のところ、日本への輸出はないが、「２０３０年には日本の市場は世界で2番目に多い輸出先となっているでしょう」との予測を述べた。これを聞いて、いずれ日本はエタノール輸入国になると確信した。

写真3　ADM社のCCS井戸

トラックに乗せてもらい、工場内を案内してもらった。まもなく敷地内にCCSの立て坑井戸（写真3）が目の前に飛び込んできた。同社では2カ所目の井戸で、もう7年前から稼働しているという。聞くと、地下約2キロメートルまでパイプの穴が掘られ、地盤が安定したマウント・砂岩層の空間に二酸化炭素を貯蔵するのだという。砂岩層は安定しており、年間で100万トンのCO_2を貯蔵できるという。ADM社は全米でもいち早くCCS施設を整備したパイオニア的存在だ。

では、CO_2を地下に貯蔵するメリットは何か。

製造過程で発生したCO_2を地下に閉じ込めてできたエタノールならば、同じエタノールでも地下に貯蔵した分だけCO_2の排出量は少ないことになる。つまり、ＣＣＳを経たエタノールは二酸化炭素の排出量が少ないグリーンなエタノールであり、地球温暖化防止に大きく貢献できる優等生というわけだ。さらに同社の女性担当者は「わが社のエタノールはＩＳＣＣの認証も受けている」と胸を張った。

ＩＳＣＣとは、「International Sustainability & Carbon Certification」の頭文字の略。直訳で「国際持続可能炭素認証」。持続可能な原材料を使用して製品を作る企業や団体を認証する国際的な認証制度のことだ。要するに、同社のエタノールはカーボンニュートラルな持続可能な燃料というわけだ。今後、こうしたグリーンなエタノールを世界中に輸出していくんだという意気込みが感じられた。

■「ＣＣＵＳ」も進行

同じイリノイ州にある米国でも有数のエタノールメーカーである「グリーン・プレイン

ズ」社も訪れた。ここでは、同じCCSでも、「U」を加えた「CCUS」を強調した。「U」とは「utilization」（利用）のことだ。「ADM社は自社の土地にCCS用の適地をもつが、この周辺にはCO$_2$を地中に貯蔵する適地がない。回収したCO$_2$は他へ移送するが、同時にCO$_2$の利用も大いに進めている」と担当者は話した。

どんな利用かと聞くと、CO$_2$はドライアイスや炭酸飲料の泡などに利用しているという。さらに、日本の大阪ガス（米国子会社大阪ガスUSA）などと共同で、水素と二酸化炭素から「合成メタン」を開発・製造する計画も進めているという。「合成メタンは、現時点ではまだ実用化は難しい段階だ」との説明を受けたが、2030年までに米国中西部で年間20万トンの合成メタンを生産する案が計画されているという。

3つ目のエタノール工場は、シカゴから車で南へ約2時間のところにある「マークイス」（Marquis）社だ。約1320ヘクタールの広大な敷地に白い水蒸気を噴き上げる巨大なエタノール工場（写真4）があった。マークイス一家はもともと家族農業を営んでいたが、2005年からエタノールを製造し始め、今では大企業（従業員約500人）になった。現在、年間約2億ガロンのエタノールを製造し、9割近くを海外（英国、スペイン、

写真４　マークイス社のエタノール工場

韓国など）へ輸出している。現在、敷地内に１０００万トン近い二酸化炭素を貯蔵するＣＣＳ施設を建設中だ。地中の深さは東京のスカイツリーがすっぽりと入って隠れてしまうほどの深さだ。

「ＣＣＳ施設の建設コストはどれくらいか。その建設でエタノールのコストが上がるのではないか」と尋ねると、会社からは「総コストは言えないが、政府からの補助金はない。ＣＣＳ工事でエタノールの価格は上がるだろうが、CO_2排出の環境規制が厳しい米国のカリフォルニア州や西欧なら、多少、価格が高くても受け入れてくれるだろう。競争上の不利は感じない」とCCSの経済的効果に自信を示す言葉が返ってきた。

■「炭素強度」(CI)をめぐる競争

ここまでのレポートでおわかりのように、米国ではエタノールの製造過程で発生するCO_2を極力減らすよう努力している。エネルギーの生産から利用までに排出されるCO_2を「炭素強度」(CI)と言うが、この炭素強度をいかに引き下げるかの取り組みがCO_2の地下貯蔵だったわけだ。

CIはCarbon Intensityの略で、燃料の単位熱量あたりのCO_2排出量のことだ。炭素強度の数値が低いほどCO_2の排出量が少ない優れた燃料となる。米国のエタノール工場は極力、CI値の低いエタノールを目指し、世界へ輸出しようとしている。エタノールのCI値が低ければ、欧州連合(EU)の厳しい要求にも応えられる。そして、将来、持続可能な航空燃料(SAF)に採用される可能性も高くなる。

ブラジルのエタノールはサトウキビから作るが、サトウキビはトウモロコシと違い、デンプンを酵素処理する工程が省けるため、CI値は米国産エタノールよりも低い。エタノールが航空機燃料に利用されるためにはＣＩ値の低さが絶対要件となるだけに、ＣＩ値をめぐる米国産エタノールとブラジル産エタノールの熾烈な戦いは今後も続きそうだ。

■コーン畑で「不耕起」と「カバークロップ」が進む

驚くべきことに、ＣＩ値を低くする試みは、エタノールの製造現場だけではなく、トウモロコシの栽培現場でも始まっている。栽培・収穫時にCO_2を排出しないトウモロコシなら、そのトウモロコシから作られたエタノールはさらに超グリーンな優等生エタノールというわけである。

農業生産者で組織したイリノイ州コーン委員会で現在のコーン（トウモロコシ）の栽培状況を聞いたが、予想以上に低炭素型栽培法が進んでいた。

それが「不耕起栽培」と「カバークロップ」（被覆植物）である。不耕起とは文字通り、農地を耕さないことだ。カバークロップという言葉はあまりなじみがないが、農地を覆う植物のことで、日本では緑肥として導入されてきたレンゲ栽培がそれにあたる。

カバークロップは土壌の浸食を防ぎ、土壌中に有機物を与えて土壌の改良に役立つ。土

写真５　植物の残渣が残る土壌から芽が出る様子

壌の通気性を良くし、雑草の繁殖を抑える効果もあるが、温室効果ガスの二酸化炭素を土壌中に蓄える働きも発揮する。一方、土を耕さない不耕起栽培も土壌中に二酸化炭素を固定する効果を発揮する。要するにどちらの農法も低炭素型農法なのだ。

コーン委員会の担当者は、不耕起とカバークロップがどういうものかを簡単に理解できる2枚のスライドと動画を見せた。不耕起栽培だと前年の枯れた植物の残渣（ざんさ）が土の表面に残ったまま種子を植えていく。コーンなどの枯れた残渣が残る土からトウモロコシの芽が出ているスライド（写真５）を見れば、その様子がよくわかるだろう。

写真6　土壌を守るカバークロップ

カバークロップの様子は動画（写真6）で見たが、青々とした植物（カバークロップ）が機械で刈り取られていく。担当者は「気象データなどを駆使することで化学肥料も適正に無駄なく使っている。カバークロップは有機物や肥料の供給にもなる。イリノイ州の農家の約3割は不耕起栽培を実践している」と話した。

米国のトウモロコシや大豆の栽培では、作物の栽培段階から低炭素化の取り組みが進んでいるのである。これら「不耕起栽培」「カバークロップ」「肥料の効率的な使用」はCO_2の排出を減らす取り組みとして、エタノールなどコーン関連製品を扱うユーザーに高く評価されていく（経済的なインセンティブとして働く）。

■土壌中には大気以上に莫大な炭素量が存在

ここで、もしかして「土壌を耕さないことが、なぜ二酸化炭素の削減につながるのか」と疑問に思った人がいるかもしれない。この点は重要なので少し解説したい。

多くの人は大気中にある二酸化炭素の発生源は石油や石炭などの化石燃料だけだと思っているかもしれないが、実は地球を覆う土壌も大いなる発生源である。いやむしろ逆である。深さ1mの土壌には大気中に存在する炭素量の2倍、植物体の3倍もの炭素（腐植や炭酸カルシウム）が蓄積しているのだ。

つまり、地球を覆う土は地球における最大の炭素貯蔵庫であり、大気中の二酸化炭素の安定性に大きく貢献しているのである（『大地の五億年』藤井一至著参照）。言い換えると、土の中の炭素がすべて大気中に放出されると、大気中の二酸化炭素は今の3倍程度の濃度になってしまうのだ。

であれば、農業を考える場合に最も重要なことは土の中の炭素をいかに閉じ込めておくかである。そして、炭素を土壌に閉じ込めておくためには、できるだけ土を耕さないこと、つまり「不耕起」が最適と言えるわけだ。おそらく多くの人は「土を耕すことは良いことだ」と思っているだろうが、それは違う。土を耕すと土の表面の植物の被覆がなくなり、腐植（おおよそ有機物と考えてよい）が分解して、風雨による土壌の浸食（土壌が失われる）が激しくなり、炭素が大気中に逃げてしまう。土壌中の腐植量と炭素量には強い相関関係があり、腐植の約6割は炭素が占める。

もうおわかりだろう。同じ作物を栽培するなら、できるだけ土壌に炭素量を閉じ込める栽培法、つまり不耕起栽培が地球の温暖化防止に寄与するということだ。このことは気候変動枠組条約締約国会議でも認められている。

■GM作物でなぜ不耕起が可能なのか

そして、さらに知っておきたいのは、遺伝子組み換え（GM）作物が不耕起栽培を実現する上で強力な武器になっているということだ。私は2002年から2016年まで、ほぼ1年おきに米国中西部のGM作物畑を取材してきた。農業生産者たちは常に「以前に比べて農薬の使用量が減った」「収穫量も増えた」、そして「GM作物のおかげで不耕起栽培が可能になった」と話していた。

除草剤耐性GM大豆やトウモロコシを例に説明しよう。このGM大豆は、グリホサートなどの除草剤をまくと、周囲の雑草は枯れるものの、大豆は枯れずに収穫できる。一般的に農家は播種（種まき）の前に雑草を取り除くために土を耕すのだが、除草剤耐性GM大豆なら、雑草が少々生えている大地でもそのまま種子をまくことができ、大豆がある程度成長した段階で除草剤をさっとまけば雑草だけが枯れてくれる。もちろん収穫に悪影響はない。

播種前の耕作はトラクターで行うため、もし耕作が不要になれば、トラクターの動力に使う化石燃料も節約できる。同時に不耕起だと土壌の流失が防げる。GM作物の普及は土壌中の炭素を守り、同時に化石燃料の削減にも貢献することをぜひ覚えておこう。

■カナダでも進む不耕起栽培

大豆やトウモロコシだけではない。カナダのナタネ（カノーラ）栽培は脱炭素型農業のお手本のような例である。2023年12月、カナダで遺伝子組み換え（GM）ナタネを大

写真７　講演するシェリリン・ニーゲルさん

規模に栽培する女性のシェリリン・ニーゲルさん（44）が家族とともに来日した。「日本バイオ作物ネットワーク」（徳本修一理事長）主催の「東京カンファレンス23」で基調講演をするためにやってきた。

シェリリンさんはカナダ・サスカチュワン州南部にある約6000ヘクタールの農地でナタネや小麦、ひよこ豆などを栽培する。約6000ヘクタールの3分の1は除草剤耐性GMナタネだ。シェリリンさんはスライドを見せながら、不耕起栽培の様子を説明した（写真7）。ナタネがある程度成長したときに除草剤のグリホサートをまくだけで、周囲の雑草を枯らし、ナタネはそのまま収穫できる。シェリリンさんの畑は不耕起のため、春先の播種の時期には枯れた前年の作物や雑草が農地を覆っている。それでもそのまま播種して、ちゃんと収穫できる。

シェリリンさんは不耕起栽培のメリットとして、「水分が土壌に残る」「炭素が土壌に残る」「化石燃料の使用が減る」の3つを挙げた。そして「自分たちが実践している不耕起が環境保全に貢献しているという強い意識も持っている」と話した。

すでにカナダ・サスカチュワン州ではナタネ農家の約9割が不耕起栽培を実践しているという。不耕起栽培は、GM作物の普及が進むアルゼンチンやブラジルでも増えているという。

■不耕起で生産性は上昇

日本では不耕起だと生産性が落ちると思っている人がいるかもしれないが、その逆である。カナダ・サスカチュワン州では過去約30年間で収量は2倍に増えた。国立研究開発法人農業・食品産業技術総合研究機構（農研機構）が世界の穀物収量と土壌データを解析した調査結果によると、世界の農地の7割を占める乾燥・半乾燥地域では「農地の土壌に含まれる炭素量が多いほど干ばつ被害が少なく、収量の減少が抑えられている」（２０２０年2月公表）との試算結果もある。土壌中の炭素が多いと収量も多いのだ。

ＧＭ作物と温暖化問題の関連などを研究している米国カリフォルニア大学バークレー校のデイビッド・ジルバーマン氏（農業資源経済）は、「ＧＭ作物は不耕起栽培を通じて、土壌に炭素を貯蔵することを可能にした。これは温暖化問題の解決に大きく貢献できる潜在能力をもっていることを示す」（学術誌「グローバル・チェンジ・バイオロジー」２０１５年）と述べている。

「E85」は人の健康にも良いし、価格も安い

不耕起の話から、カナダのナタネにも話題が飛んだが、米国のエタノールの話にもどる。イリノイ州コーン委員会の事務所で話を聞いたあと、外に出たところ、バイオ燃料で走るとの文字が書かれた車やトラックが駐車されていた。聞くと「E85」（エタノールを85％混ぜたガソリン）で走る車（写真8）だった。車体のドアに「エタノールはあなたの吸う空気にも良く、エンジンにも、あなたの家計にも貢献する」との言葉が書かれていた。

写真8 「E85」で走るフレックス車

一体どういう意味なのか。ガソリンは発がん性物質のベンゼンなどを大気に排出するが、エタノールは発がん性物質を大気にまき散らすことはない。しかも、ガソリンよりも1ガロン（1ガロンは3・78リットル）あたり5～10セント安い。エタノールはオクタン価が高いのでノッキング（異常燃焼の一種）が起こりにくく、燃料としての質が良い。つまり、エンジンにとってもよい。こういうメリットがエタノールにあることを訴えていたのだ。

この「E85」車が象徴するように、今米国は低炭素型エタノール（炭素強度の低いエタノール）をいかに安く製造し、いかに世界へ輸出するかに余念がない。

そのことはエタノール生産者で組織した業界団体「再生可能燃料協会」（ＲＦＡ）の事務所（ワシントンＤ.Ｃ.）で聞いた話でも強く印象に残った。この協会で16年間働いている長身のエドワード・ハバード氏（ジェネラル・カウンセル＝法務担当最高責任者、写真９）は「今ほどエタノールの未来が明るいと思ったことはない」と切り出した。岸田総理・バイデン大統領の日米共同声明に「エタノールの利用拡大」が入ったことも念頭にあるようだった。

写真９　エドワード・ハバード氏

エドワード氏は次のように話した。

「エタノールは植物由来なので、化石燃料とは異なり、クリーンな燃料だ。今後、電気自動車が増えても、船や飛行機、トラックの燃料は依然として液体燃料（エタノールやバイオディーゼル）が主流だろう。エタノールが燃料として利用される余地はこれからもまだまだ大きい。米国では当面は『E15』の普及を目指していきたい。現在、約60カ国にエタノールを輸出しているが、将来はエタノールの生産工場もインドやフィリピンなどに増やしていきたい。ただ、今はEU（欧州連合）は持続可能な航空燃料（SAF）として、穀物由来の米国産エタノールを認めていない。食料である穀物がエネルギーと競合するという考えのようだが、米国ではトウモロコシの栽培からエタノールの製造までの工程で脱炭素化を進めており、いずれ米国産エタノールも航空機のジェット燃料としても認められるよう交渉していく」

EUの環境規制にも対応していくということだが、「日本はアジア太平洋で最大のビジネスパートナーだ」とも語り、今後は、日本が車や航空燃料用に米国産エタノールを輸入してくれることへの期待を大きく持っていたことも印象に残った。

■なぜ低炭素化エタノールを普及させるのか

米国での低炭素化エタノールの普及・拡大に向けて、国民や政府に対してエタノールの拡大キャンペーン活動を行っている共和党と民主党の議員秘書たちに会う機会も得た。農業が主体の米国中西部では共和党、民主党の党派を超えて、エタノールを推進する動きがあることがわかった。議員秘書たちの見方はおおむね次のようなものだった。

「エタノールはガソリンに比べて、温室効果ガス（二酸化炭素）の削減率が46％あり、しかも価格が安い。トウモロコシの供給は十分にあり、食料との競合はない。今後、EV（電気自動車）が普及するとしても、それは米国の東部と西海岸のことであり、農業地帯の中西部では依然としてエタノールなど液体燃料への需要は続く。仮に将来、全米でEVが普及しても、持続可能な航空燃料（SAF）としてのエタノールへの需要は続くだろう」

なぜ、米国はかくも低炭素化エタノールを推進するのだろうか。

それは農家や製造事業者にとって経済的なメリットがあるからだ。つまり、二酸化炭素を減らした分だけ税控除などの経済的恩恵が受けられるのだ。今後、世界市場では低炭素化エタノールをめぐって、ブラジル産と米国産が競合関係になるだろうが、どちらを買う（輸入する）かは顧客（国や輸入事業者、消費者など）の意向次第だというわけである。

米国の関係者を取材してみて、米国産エタノールに対してかなりの自信をもっている印象を受けた。

■「E10」で削減できるCO_2の量

すでに米国内で走るガソリン車の燃料のうち10％はエタノールに置き換わっている。その結果、1年間にどれくらいの二酸化炭素が削減されるのだろうか。なんと約5700万トンものCO_2が削減される。これは通常の石炭火力発電所の15基が排出する量に相当し、車に換算すれば、1200万台のガソリン車が排出する量に相当する（米国の「再生可能燃料協会」（RFA）の冊子「2024年エタノール産業展望」参照）。米国のエタノール業界は2030年にはガソリンを少しずつエタノールで代替することでCO_2の削減率が70％（現在は50％前後）になるとの見通しをたてている。そして、2050年には排出ゼロを目指す。

何とも壮大な実験が米国で勢いよく進むが、日本はどうなっているのだろうか。

日本では、日本全体で約10億3700万トン（2022年度）のCO_2が排出されている。そのうち運輸部門の排出量は約1億9200万トン（約19％）を占める（2024年

４月時点・国土交通省調べ）。この運輸部門での2億トン近いCO_2をいかに減らすかが今後の課題となるわけだが、米国で見られたように日本でも「Ｅ10」は普及するのだろうか。

仮に日本で「Ｅ10」が普及すれば、「政府が２０３０年度時点で目標に掲げるCO_2の削減量に近づくことは可能だが、残念ながら日本ではエタノール入りガソリンの普及が遅々として進まない。

■中川物産が全国で初めて「Ｅ７」を販売

これまでの解説から、おそらく、だれもが今すぐに「Ｅ10」を普及させたほうがよいと考えるだろうと思うが、現状は程遠い。

しかし、普及の兆しが全くないわけではない。名古屋を拠点に石油製品の輸入・販売を手掛ける中川物産株式会社（名古屋市）が日本で唯一、エタノールを7％混合した「Ｅ７」を製造・販売しているからだ。

同社は２０２３年6月、商業ベースでは日本で初めて「Ｅ７」ガソリンを販売し始めた。

写真10　エマニュエル大使と
中川秀信社長

同社の油槽（ゆそう）所でエタノールとガソリンを直接混合して製造販売している。エタノールは韓国経由で米国から輸入されたものだが、「Ｅ７」自体は中川物産のオリジナルガソリンで、全国でもここしか扱っていない。

　メディアの注目度が一気に高まったのは、２０２３年7月のことだ。中川物産の脱炭素に向けた先駆的な取り組みに感謝の意を表明するため、7月31日、ラーム・エマニュエル駐日米国大使が中川物産の名古屋本社を訪れたのだ。名古屋市にある小さな会社にわざわざ駐日大使が駆けつけることは異例中の異例である。エマニュエル大使と中川物産の従業員らが笑顔で並ぶ記念写真（写真10）の光景は、米国が日本向けエタノールの輸出にいかに力を入れているかを象徴する。

　エマニュエル大使は「米国ではエタノールを10％混ぜたバイオガソリン『Ｅ10』が普及している。エタノールは気候変動対策になるだけでなく、ロシアの化石燃料資源に頼らずに済むため、日本のエネルギー安全保障の強化にもつながる。エタノールは日米間の頼れるエネルギー資源だ」と熱く語った。

確かに日本が米国から直にエタノールを輸入するようになれば、政情不安な中東やロシアに依存する石油や天然ガスと違って、エネルギーの安定確保につながる。

中川物産（従業員約70人）の本社は巨大な貨物船が行き交う名古屋港（名古屋市港区潮見町）の一角にある。そのすぐ近くに給油スタンドがあり、「Ｅ３」と「Ｅ７」を販売している（写真11）。「Ｅ３」は３％のエタノール、「Ｅ７」は７％のエタノールを混ぜたガソリンだ。どちらも通常のガソリンよりも平均して１～２円安い。安いのは「期限つきながら、ガソリン税が免除されているからだ」という。エタノールの特色を知ってもらうため、同給油スタンドには「Ｅ７」や

写真11　E3とE7の両方を販売する中川物産のスタンド

写真12　中川物産の解説板

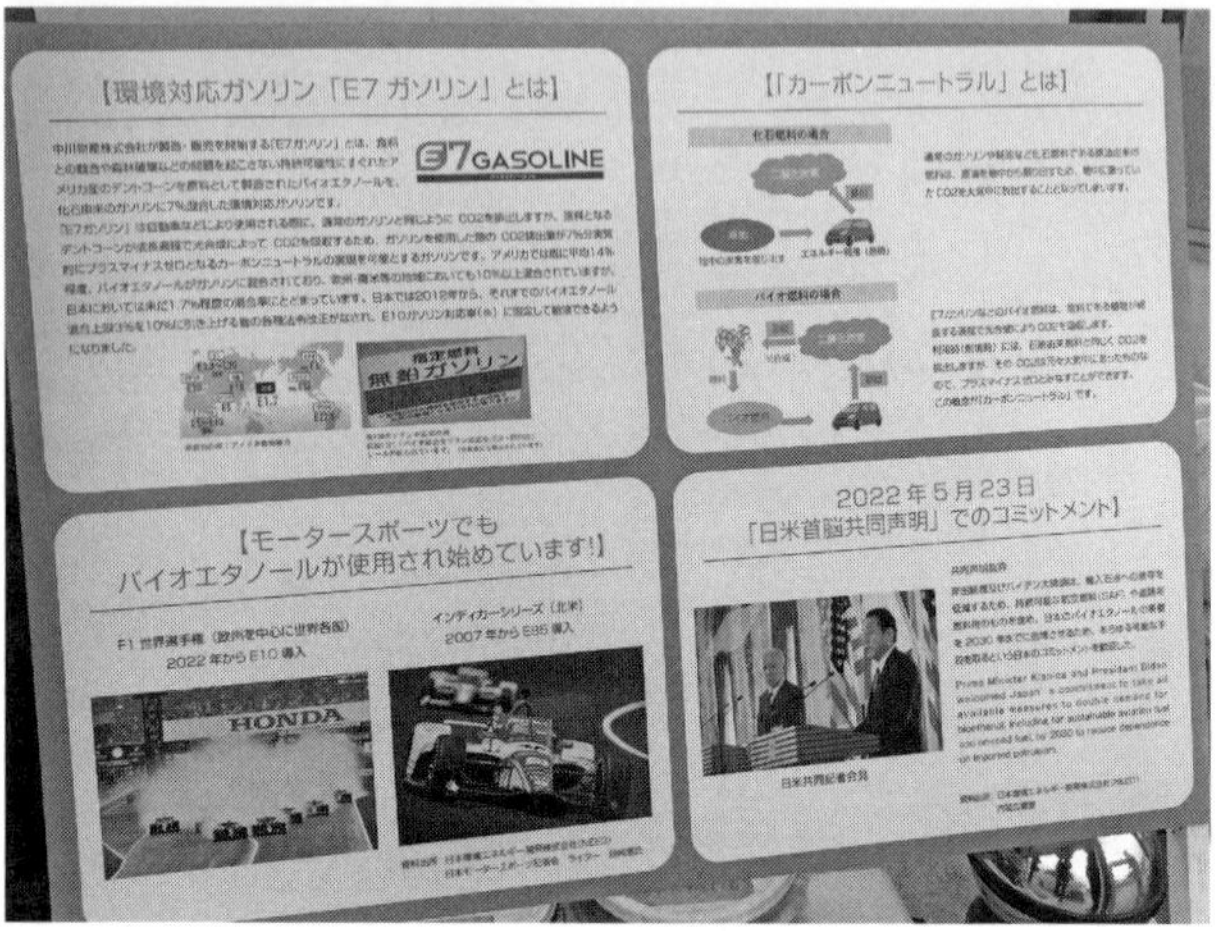

「カーボンニュートラル」などに関する解説板（写真12）まで掲げられている。「E7」と併せ、なぜ「E3」も同時に販売されているのかと言えば、実は、同社はすでに2011年から全国に先駆けて、愛知県を中心に約100店舗で「E3」を販売していたのである。当時としても、この「E3」の販売は全国初の快挙だったのだが、マスコミはほとんど報道しなかった。

　2023年の「E7」の販売については、地元名古屋のテレビ局や地元紙が報じたものの、全国紙が大きく報じた形跡はない。24年3月に新たに2店舗で販売を始めたが、その際にも報道はなかった。それゆえか、日本ではいまだ「E7」や「E10」を知る人がほとんどいない。日本で初めて商業ベースとして「E3」と「E7」を販売した理由について、中川秀信代表取締役は以下のように述べる。

「もともと当社は、硫黄酸化物の排出が少ない超低硫黄軽油を輸入・販売するなど環境対策に力を入れてきました。石油製品が持続可能な形で社会に受け入れてもらうために環境に良い経営を目指していたところ、環境省の実証事業として、大阪府がエタノール混合ガソリンの製造・販売に取り組んでいるのを知りました。そこで環境省のエコ燃料利用促進補助事業に応募し、幸い採択されました。補助金を活用して、エタノールとガソリンを混合する施設などを整備し、販売にこぎつけました」。

最初から「E7」を販売してもよかったように思われるが、「今では法的に10％まで混ぜても問題ないが、当時は「揮発油等の品質の確保等に関する法律」（品確法）で混合の上限が3％だった」と法規制でできなかったという。

この中川物産の例を見てもわかる通り、「E7」なら、今すぐにでも全国に広げることが可能だ。それならば、環境問題に関心の強い消費者団体がエタノール入りガソリンをも

写真13　E10対応の表示

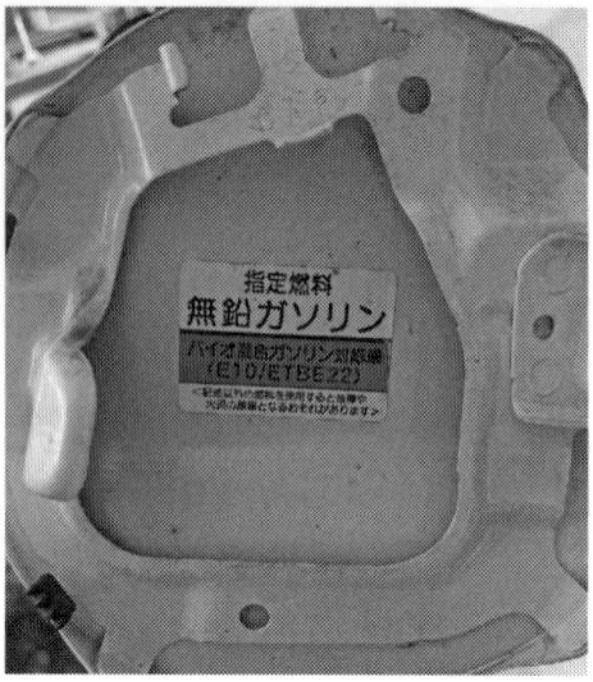

っと広めようという運動を起こしてもよいはずだが、そういう動きはない。おそらく消費者団体もエタノールのことをよく知らないのではないか。その責任の一端はやはりメディアの関心の低さのせいだろう。

「E7」の普及が進まない背景には、「E7」や「E10」に対応できない車が存在することも関係しているようだ。トヨタやホンダの車は「E7」に対応できるが、日産の車は対応できないという。マイカーをお持ちの方は一度、車の給油口のキャップの裏側を見てほしい。「バイオ混合ガソリン対応車E10／ETBE22」（写真13・筆者所有のトヨタ・プリウス）という表記があれば対応車だとわかる。

「E7」や「E10」の最大の強みは、ガソリンスタンドに「E7」専用の貯蔵・給油設備は必要になるとはいえ、巨額の税金を要するインフラ整備なしに導入できることだ。

■ETBEの形で1・8％の混合

いまだ「E3」も「E7」も普及していない日本だが、これまでエタノールの使用がゼロだったのかというと、実はそうではない。ガソリンスタンドへ行っても、エタノールを混ぜた「E」の文字看板がどこにもないため、ほとんどの人は気づいていなかっただけである。

実は、ごく少量ではあるものの、忍者のごとく知らぬ間に流通していたのだ。その名は「ETBE配合のバイオガソリン」という。ETBEは「エチル・ターシャリー・ブチル・エーテル」の頭文字をとった略称だ。このバイオガソリンは、植物原料由来のエタノールと石油系ガスのイソブテンを合成したもの（ETBE）だ。これをガソリンに配合して、「ETBE配合のバイオガソリン」という名で販売してきたのである。ただ、ETBEではだれもエタノールだと気づかない。

では、なぜ、ETBEをガソリンに混ぜたのか。ETBEのほうがガソリンの性質に近いからだ。エタノールのままだとエンジンの金属部品を腐食させたり、ゴム材を膨潤させたり、さらに水に溶けだして蒸発しやすいという指摘があったからだ（これらの理由を否定する見方もあったことも知っておきたい）。エタノールの混合率が３％（つまり、Ｅ３）程度なら、通常の車でも支障はないが、もっと多く混ぜようとするとＥＴＢＥのほうが車にとって安心という業界側の理由で、日本の業界はＥＴＢＥという形でエタノールを活用してきた。ガソリンに混ぜられるＥＴＢＥの比率は元売りと称される石油卸売業者によって多少異なるものの、平均すれば、日本で流通するガソリンに１・８％前後混合して流通してきたのである。

石油業界は２００７年から、ＥＴＢＥ混合ガソリンを使い始めた。当初はＥＴＢＥを全量輸入していたが、２０１１年にコスモ石油株式会社が大阪府堺市にある製油所にＥＴＢＥ製造装置を完成させ、国産のバイオガソリンも流通するようになった。

たとえＥＴＢＥガソリンでも、エタノールの利用がないよりはましだ。政府は２００９年に非化石エネルギーの使用促進を主な目的とする「エネルギー供給構造高度化法」を法制化し、ＥＴＢＥ混合ガソリンの導入目標量を以前より増やした。その量は原油換算で50万キロリットル（２０１８年度以降毎年）と定められた。この目標は予定通りに達成されているが、全体のガソリン消費量の１％程度の少量だ。

これではエタノールのことを知らない人が多いのも無理はない。正直なところ、私自身、マイカーのトヨタ・プリウスの給油口に「E10やETBEガソリン対応」という表記があることさえ知らなかった。

７％のエタノール混合といえども、これが全国に普及すれば、化石燃料由来のガソリンをそれだけ減らすことになり、CO_2の削減につながることは確実である。海外の「E10」と比べれば、まだまだ小さな一歩だが、中川物産の取り組みを全国へ広げていくことが必要だろう。

2. 電気自動車（EV）は本当に脱炭素型の乗り物なのか？

■電気自動車は製造時にガソリン車の2倍以上のCO_2を排出

これまでの解説で、二酸化炭素の排出量の少ない（炭素強度の低い）エタノールがガソリンに比べて、車や航空機の燃料の優等生だということがわかっていただけたかと思う。

ここでようやく本論の核心に入る。

バッテリー（蓄電池）で走る電気自動車は本当に脱炭素型の環境に良い乗り物なのだろうか、という問いかけである。すでに述べたように、電気自動車は製造時にガソリン車の2倍以上のCO_2を排出する。このことは専門家の間ではほぼ常識だが、世間ではほとんど知られていない。

「電気自動車は走行中にCO_2を排出しない」と言われるが、これも一面的に正しいに過ぎない。確かに走行中の車からは排出されないが、充電したときにその電気が天然ガスや石炭、石油などの化石燃料を使った火力発電所で生まれたものであれば、結果的には走行中にもCO_2を排出したことになる。二酸化炭素を出さない原子力発電所や太陽光100%の電力で充電した場合には、確かに走行中の排出量はゼロとなるが、現実にはそんな100%の国は存在しない。日本では電力の約7～8割が化石燃料由来のため、電気自動車は走行中にも間接的にCO_2を排出しているのである。

民放テレビのバラエティ番組でときどき電気自動車の話題を見るが、最初から最後まで環境に良いことしか伝えず、製造時や廃棄時に大量のCO_2を排出する事実を全く報じない。これでは一般の消費者がだまされるのも無理はない。

■EU（欧州連合）がEV一辺倒から転換

電気自動車はEVと呼ばれる。EVは「Electric Vehicle」の略だ。バッテリー（Battery）を積んでいるので、「BEV」とも呼ばれるが、ここではEVで統一する。

欧州連合（EU）は2022年10月、2035年以降は内燃機関車の新規販売を禁止すると決めていた。ところが、2023年3月、欧州連合の欧州委員会とドイツ政府はその方針を転換し、2035年以降も条件付きで認めることで合意したと公表した。当時、新聞各紙（23年3月25日）は「欧州委員会とドイツ政府は2035年以降も条件付きでガソリン車など内燃機関車の新車販売を認めることで合意した」と報じた。

EV一辺倒の流れを変えたのは合成燃料だった。水の電気分解で得られる水素とCO_2を合成して作られるのが合成燃料「e-fuel（e燃料）」だが、これを内燃機関の代替燃料として使おうというのだ。

具体的な動きに関する真相は、どうやら「ドイツがe燃料案を提唱し、国内の自動車産業保護を目指すイタリアやポーランド、ブルガリアも同調した」(一般社団法人環境金融研究機構のHP参照)ということのようだ。

また、ドイツのメルセデス・ベンツ社は、2021年に「マーケットが許せば」という条件付きで「全車をEV化する」と発表していたが、2024年2月、2030年に新車販売のすべてを電気自動車(EV)にするという目標を取り下げた。わずか3年で方針転換を余儀なくされたわけだ。EVが思ったほど売れず、多様な顧客ニーズに応えるため、30年以降もエンジン車の販売を継続するという(日刊自動車新聞社24年2月28日号参照)。

こうした動きを見ていると、どの国も一様に電気自動車だけを推進しているわけではないことがわかる。環境に良く、価格が安い燃料が出現した場合に備えて、逆に自国に内燃機関車をつくる技術を残しておこうという思惑が働いても少しも不思議ではない。自国に電気自動車をつくる産業しかないという選択はあまりにもリスクが高い。特にドイツでは大手車メーカー「フォルクスワーゲン」が合成燃料で走る高級車の開発も進めているだけに、ドイツは自国産業を保護する目的で方針転換を迫ったのではないかと私は見ている

（フォルクスワーゲンとＥＶ化についての思惑は後半でも詳述）。

もっとも内燃機関を認めたからといって、電気自動車（ＥＶ）の推進に関するＥＵの政策自体が大きく転換したというわけではない。ただ、内燃機関は滅び去るのみかと思っていただけに、やや雲行きが変わってきたようだ。

ここで重要なことは、エタノールや合成燃料のような低炭素型燃料であれば、エンジン車（内燃機関車）はまだまだ生き残る道があるという点だ。

■ＥＶ人気の陰りと弱点

それが現実味を帯びるかのように、これまでのＥＶ一辺倒の流れが変わる兆しを感じさせるニュースが２０２４年に入って目立ってきた。ＮＨＫは２０２４年2月29日、「ＥＶ減速？」と題して、自動車大国アメリカでＥＶの売れ行きが鈍り、ハイブリッド車（ＨＶ）が復権しつつある状況をアメリカからのレポートとして報じた。価格が高く、充電に手間暇のかかるＥＶよりも、燃費が良く、環境面にも良いハイブリッド車の人気が復権しつつあるというのだ。

同じ頃、読売新聞も「アメリカでＥＶ販売失速、トヨタのＨＶがテスラのＥＶを逆転…値段手頃で燃費いいＨＶが見直される」（２０２４年3月4日）と報じていた。

ハイブリッド車とはトヨタのプリウスに代表されるように電気とモーターの２つの動力で動く車だ。１９９７年にトヨタが世界で初めて量産化に成功し、発売した車である。ハイブリッド車は一般にＨＶ（Hybrid Vehicle の略）と呼ばれるが、ＨＥＶ（Hybrid Electric Vehicle の略）とも呼ばれることもある。ここでは、ＨＶで統一する。

本論の核心は、ハイブリッド車がエタノールで走れば、電気自動車（ＥＶ）と全く互角に勝負できるのではないか、という点だ。いやそれ以上に価格や使い勝手など総合的評価で判断すれば、ハイブリッド車のほうがＥＶよりも優れていると私は考えるが、そう考える根拠は追って解き明かす。

まずは、ＥＶは静かに走ることができ、災害時に非常用電源として活用できるというメリットがあるものの、以下のような弱点が常に指摘されていることを知っておきたい。

① １回の充電で走れる走行距離が短い（ハイブリッド車は満タンで１０００キロメートル走れる）。

②　車両価格が高い（今は高額の補助金があるから売れているだけだ）。
③　充電に時間がかかる上、充電スタンドの数が少ない。
④　バッテリーに寿命があり、交換代が高額になる。
⑤　寒い地域では冬場に性能が低下しやすい（車内の暖房使用で走行距離が短くなる。立ち往生したときに燃料補給ができず、対処に困る）。
⑥　走行中でも、化石燃料由来の電力で充電した場合はCO_2を間接的に排出する。

こうした不便さがEVにあっても、CO_2の排出量がかなり少ないなら、まだしも我慢もできよう。だが、ガソリン車やハイブリッド車に比べて、CO_2の排出量自体が特に優れてはいないとなれば、EVの存在価値は一気に低下する。

■ガソリン車とEV、LCAでCO_2の排出量を比較

では、電気自動車（EV）が本当に環境に良いかを探ってみよう。

ガソリン車とEVの環境特性を研究した「EVとガソリン車の環境への優位性の比較研究」（2022年・筆者は桃山学院大学の高村幸典氏と大島一二氏）によると、EVは走

図3-2　EVとガソリン車のCO_2排出量の比較

区分	生産	走行	廃却
EV	大	小	大
ガソリン車	小	大	小

※出典・桃山学院大学経済経営論集第64巻第1号

行中のCO_2の排出は少ないものの、製造時（ガソリン車の2倍以上のCO_2排出）と廃棄時に大量のCO_2を排出する。ガソリン車はその逆だ（図3－2）。なぜEVが製造時にCO_2の排出が多いかと言えば、「リチウムイオン電池は多様な金属の化合物を使い、金属の製造や化学加工過程で大量のエネルギーを消費するから」だ。

ここでのCO_2の比較は、原料の採掘から車や電池の製造、走行、廃棄に至る全工程で発生するCO_2の比較だ。このトータルな工程での評価をライフサイクルアセスメント（LCA）という。LCAでの比較は世界で標準的な考え方だ。

あなたが電気自動車（EV）を買ったとしよう。自宅に届いた時点では、EVはガソリン車に負けている。EVは製造時にガソリン車の2倍以上のCO_2を排出して製造されたからだ。では、CO_2の排出量の少なさでEVがいつガソリン車に追いつくかと言えば、相当な距離を走ったあとである。つまり、走行距離が長くなるほど

EVは有利になる。

では、EVとガソリン車のCO_2排出量が同列に並ぶのは、双方がどれだけ走ったあとだろうか。計算方法や国の電力構成事情（国ごとに充電時の電力構成が異なる）によって異なるものの、日本だと11万キロメートル、米国だと6万キロメートル、西欧だと7万6000キロメートル、英国だと8万キロメートルだという（同比較研究参照）。

EVとガソリン車がCO_2の排出量で対等になる距離が国ごとに異なるのは、充電時の電気をつくる電源構成が異なるからだ。CO_2を出さない原子力発電が約7割を占めるフランスと火力発電が約7〜8割を占める日本では、同じ車種のEVを走らせても、日本のEVのほうがCO_2の排出量が多いことは容易にわかるだろう。

つまり、日本では電力の約7〜8割を火力発電で賄うため、EVを買って乗っても、充電時にも大量のCO_2を出していることになる。なにしろ走行距離が10万キロメートル以下の場合は、ガソリン車のほうがまだCO_2の排出が少ないわけだから。

EVが優位性を示すのは、走行距離が長い場合だ。西欧はよく20年で20万キロメートルという想定で計算された比較結果を示すが、前提条件が変われば計算結果も変わる。同優位性の比較研究を考察した高村氏は「国際エネルギー機関はEVのライフサイクル全体でのCO$_2$排出量は世界平均でガソリン車の半分と言っているが、この試算には各国や各自動車企業の様々な思惑があり、EV優位の数字が誘導されていると疑わざるを得ない事例もある」（筆者で要約）と指摘し、前提条件によってはEVの優位性は揺らぐ可能性があると強調する。

■EVとハイブリッド車を比べたら

悪名高いガソリン車でさえも、条件（走行距離や国ごとの電力事情）によっては電気自動車と大差がないというケースがありうるのだ。では、同じガソリン車でも燃費がはるかによいハイブリッド車とEVの勝負はどうなるのだろうか。これが本論の核心に迫る根幹部分である。

この比較もこれまでも述べてきたように、充電時にどんな電力を使うか（電力あたりのCO$_2$排出量）に大きく左右される。ハイブリッド車とEVのCO$_2$排出量を様々な条件で試算された結果を考察した本『EVシフトの危険な未来　間違いだらけの脱炭素政策』

（日経BP）を著した藤村俊夫・自動車・環境技術戦略アナリストは以下のように述べている。

「2018年時点のCO_2排出量は、EV（電気自動車）のほうがハイブリッド車より多い。電力部門のCO_2排出量が45％削減されると想定される2030年の時点でも、ドイツと米国ではようやくEVのほうが下回るものの、中国と日本ではEVのCO_2排出量のほうがハイブリッド車を上回る」（筆者で要約）。

ちなみにトヨタのプリウスのようなハイブリッド車が1キロメートル走った場合のCO_2排出量は普通のガソリン乗用車と比べると、半分以下だ。前提条件にもよるだろうが、ハイブリッド車がEVと遜色ないことは明白である。

■ハイブリッド車がエタノールで走ったら

ここから、さらに核心に迫る。

これまでの話は、ハイブリッド車がガソリンを燃料にして走る場合だが、私にとって最大の関心事は、ハイブリッド車がエタノールで走る場合だ。大気中のCO_2を吸収して育つ植物由来のエタノールは、たとえ燃料で消費されても、CO_2はもとの大気にもどるだけである。それゆえカーボンニュートラルと言われる。しかし、すでに前半のアメリカレポートで述べてきたように、エタノールの製造過程で発生したCO_2を地下に貯蔵する「CCS」(「二酸化炭素回収・貯留技術」)を通過したエタノールは、同じエタノールでも、よりグリーンな低炭素型エタノールと言える。

■「E85」で走るプラグインハイブリッドカーが登場

このCCS型エタノールを燃料にしたハイブリッド車とEVを比べた実験はないものかと思っていたら、なんと幸運にも4月の米国視察で見つけることができた。

エタノールを85%混合した「E85」で走るプラグインハイブリッド車(写真14)を米国のフォード社がつくり、米国のエタノール生産業者で組織した「再生可能燃料協会」(RFA)が路上で実証試験をやっていることを知ったのだ。

プラグインハイブリッド車は、PHV(「Plug-in Hybrid Vehicle」)やPHEV(「Plug-in Hybrid Electric Vehicle」)と呼ばれており、ハイブリッド車の一種である。従来のハイ

写真14　フォード製のE85ハイブリッド車

※出典・「再生可能燃料協会」冊子

ブリッド車よりもさらに容量の大きいバッテリーを積み、電気だけでも一定の距離を走行できる。電気が切れてもガソリンで走ることができる。電気と液体燃料の両方で動く、いわば二刀流のハイブリッド車だ。

このフォード社のＰＨＶは、エタノールの混合割合が10％でも、85％でも走ることができるフレックス燃料車だ。フレックス燃料車(Flexible-fuel vehicle でＦＦＶともいう)は、ガソリンやエタノールなど複数の燃料がどのような混合比でも、コンピュータが混合比を計算して走行できる車だ。エタノール燃料を国策として普及させているブラジルでは、このフレックス燃料車がごく普通に走っている。

「E85」で走るフレックス燃料車（プラグインハイブリッド車）を全米で2万5000マイル（1マイルは約1・6キロメートル）以上走らせる実証試験を行った米国の「再生可能燃料協会」は、成果は予想を上回るものだったとして以下のように試験結果を報告している。

「E85のフレックス燃料車は電気自動車（EV）と同等に温室効果ガス（二酸化炭素のこと）を削減した。さらに、CCSで炭素を地下に貯蔵したエタノールや栽培時に二酸化炭素の発生を抑えて生産されたトウモロコシ由来のエタノールを利用したE85は、EVよりも温室効果ガスの排出量が少なかった」

同じエタノールでも、CCSを経た低炭素型エタノールを燃料にすれば、EVと全く互角か、場合によってはEVよりも環境に良いというわけだ。低炭素型エタノールは「グリーンエタノール」と呼んでもよいだろう。

ここまでの説明でもうおわかりだろう。ハイブリッド車がエタノールを燃料にして走れば、EVに全く見劣りしないということだ。このことは車の購入価格から見るとより一層明白になる。EVの価格はハイブリッド車に比べて、総じて100万～300万円も高い。

１トンのCO_2を減らすために、車の購入にいくら払うか（ＬＣＡで評価する車の価格あたりのCO_2削減量）を計算すれば、間違いなくハイブリッド車のほうがより少ない経済的負担でCO_2を減らすことができる。お金持ちなら高額なＥＶを買って遊び心でCO_2を減らすのもよいだろう。だが、一般庶民はそうはいかない。

世界の流れは今なお西欧主導のＥＶ一辺倒だが、後述するように、西欧は地球の環境保護のために慈善事業としてＥＶ化を推進しているわけではない。ＥＶ推進が自国の産業振興に向いているからに過ぎない。エタノールで走るハイブリッド車がＥＶと互角なのであれば、トヨタのような優れたハイブリッド技術をもつ日本は、なにもしぶしぶ西欧のルールに従う必要性はなくなる。

自国の産業を守りながら、地球の環境も守りたいのであれば、日本はもっとハイブリッド車の良さを世界に向けて訴えていく必要があるだろう。

■ＥＶに必要な希少金属は中国に依存

ＥＶには、さらに別の問題もある。バッテリーの製造にはコバルト、ニッケル、マンガン、リチウムなどの希少金属（レアメタル）が不可欠だ。しかも、それらの金属資源は世界の一部の国に偏在している。問題の本質を数字でつかむことの重要性を指摘する本『世界のリアルは「数字」でつかめ！』（バーツラフ・シュミル、NHK出版）を読んでいたら、次のような記述に出合った。

「EVの生産は、他の形でも環境に悪影響を及ぼす。アメリカの経営コンサルティング、アーサー・D・リトル社の推定によれば、自動車の寿命を20年とした場合、EVの製造により従来型自動車の3倍の有害物質が排出されるという。EVのほうが大量の重金属を使用するというのがおもな理由だ」

電気自動車の普及は、有害な金属が排出されるリスクだけでなく、希少金属を豊富に有する中国への依存を作り出す経済構造を生み出すリスクも想定される。こうしたリスク要因を考えると、中東やロシアにも依存せず、さらに中国への依存とも無縁のエタノールの価値はさらに高くなることがわかるだろう。

■2050年の時点でガソリン車は本当になくなるのか？

そうはいっても、「いずれガソリン車は世の中から消えてなくなる」と思っている人が多いかもしれない。これもEVの流れにつきまとう大きな誤解である。今の世の中の空気を見ていると、2030年あたりを境にガソリン車がなくなってしまうイメージが漂っているが、それは全くの勘違いである。

国際エネルギー機関（IEA）の見通しでは、エンジン車は2030年の時点でも車の約9割、2050年の時点でも約8割も残っている。確かに先進国では新規の販売でEVが多く売れていくだろうが、全世界でみれば、エンジン車は30年後もたくさん走っているのだ。しかも二酸化炭素と水素を合成して作られる合成燃料が安く供給できるようになれば、エンジン車が息を吹き返す。EVの優位がこのまま続くかどうかはまだわからないと言ってもよいだろう。

このことの重要性は、車産業の事情に詳しい自民党の甘利明衆議院議員も指摘していた。

2023年1月18日に東京都内で「G7広島サミットへ：バイオマスの役割」と題したシンポジウムが行われた。米国ワシントンに本社を置き、アジア太平洋地域に特化した戦略アドバイザリー会社の「バウアーグループアジア日本」（BGA）が主催した。その基調講演で甘利氏は次のように熱く語った。

「今、内燃エンジンの車（ガソリン車）が悪者にされているが、車自体が悪いわけではない。燃料をエタノールに替えれば、カーボンニュートラルになる。新規の販売が電気自動車に切り替わっても、今後も何十年間、車全体のうち9割近くは中古のガソリン車が占めることになる。電気自動車だって、化石燃料で発電された電気で充電している。エタノール燃料を使えば、むしろ電気自動車よりもカーボンニュートラルと言える場合もある。飛行機やトラックのＥＶ化は難しい。その意味で依然として、バイオ燃料は重要だろう。しかもエタノール燃料を作る技術はすでに完成された形で存在している。カーボンニュートラルの視点で見れば、エタノールはこれからも重要な燃料として位置づけされるだろう。耕作放棄地にバイオ燃料用の作物を植えて有効利用すれば、農業とバイオ燃料がつながることになる」（筆者で講演内容を要約）。

甘利氏の言葉は実に熱意に満ちていた。甘利氏は「国産のバイオ燃料や合成燃料の活用推進を目指す自民党有志の議員連盟」（バイオ燃料・合成燃料議員推進連盟）の会長を務める重鎮である。

■ＥＶは西欧ルール

甘利氏は講演で「ルールを制する者が世界を制する。ＥＶ化の流れは、ＥＵ（欧州連合）が日本の車をつぶすという意向で生まれたものだ」といった趣旨のことを述べた。全く同感である。

ドイツの大手車メーカー「フォルクスワーゲン」（ＶＷ）が犯した「排出ガス不正事件」を覚えている人もいるだろう。同社は高級車の「アウディ」「ポルシェ」を持つ巨大企業だ。そんな巨大企業にもかかわらず、同社は米国の厳しい排気ガス規制を逃れるため、ディーゼル車に試験のときだけ有害物質の排出を低く抑える不正なソフトウエアを搭載していたことが２０１５年にアメリカで発覚した。その結果、それまでは「地球環境のためにはクリーンなディーゼルだ」と豪語していたのに、この事件を境にくるりとディーゼルを見捨て、電気自動車（ＥＶ）へ舵を切った。ハイブリッドのような内燃機関技術ではトヨタに勝つ見込みはなく、かといって不正なイメージが定着したディーゼルでは顧客がついてこない。そこで、ＥＶへ舵を切ったわけだ。ＥＶが環境に良いからという高邁な理想ではなく、自らが生き残るためにＥＶを選んだと私は見ているが、同様の考えをもつ人は多いだろう。

自国産業重視の欧米ルールに振り回されてはいけない。甘利氏はそう言いたかったのだろう。

3. 国産エタノールは実現するか

■新潟で「コメからエタノールを作る」実験

甘利氏の話からピンときた人もいるだろう。

そう、日本でも国産のエタノールを製造すれば、ハイブリッド車の持続的な発展とエタノール産業と農業が活性化する芽がありうるということだ。タイでは自国産のキャッサバなどを原料にしたエタノールが開発されている。

日本には日本の気候風土にあったコメがある。トウモロコシは湿害に弱いため、日本の水田の転作には向かない。どう見ても、現実的にはコメしかない。

実は、すでに日本でもコメを原料にしたエタノールの製造、販売事業が行われたことがある。2007年度から5年間、農水省は「バイオ燃料地域利用モデル実証事業」を新潟県で実施した。JA全農（全国農業協同組合連合会）がコメからエタノールを製造する工場を新潟市内に建設し、そのエタノールを全農新潟石油基地でガソリンに3％混ぜて「E3」というグリーンガソリンを供給しようとする実験だった。

コメから燃料を作ることができれば、畑作への転換が難しい水田の再活用にもなり、エタノールの製造を通じて、地場産業の活性化にもなる。この実証事業はエネルギーの地域循環型自給自足を目指す壮大な夢をもって行われた。

エタノールの製造は2009年に始まった。原料のイネは「北陸193号」。300戸の農家が参加し、300ヘクタールで栽培された。目標は年間2200トンのコメから1000キロリットルのエタノール（ガソリン換算だと3万3000キロリットル・車約1300万台分に相当）を作ることだった。エタノールはコメを発酵させて作るが、その発酵残渣は液体飼料として、県内の養豚農家に供給された。コメから燃料と飼料を供給するという点においては、米国のトウモロコシから作るエタノールと似ている。

■コメのエタノールの課題は高コスト

実証事業の結果はどうだったか。

「E3」を給油した一般ユーザーからは、クレームもなく、品質的には全く問題はなかった。しかし、コメの収量が平均して10アールあたり約700キログラムと目標の800キログラムより少なく、エタノールの年間目標量の1000キロリットルには届かず、約720キロリットルにとどまった。

一番の問題は、生産農家の手取り金額が補助金（10アールあたり最大で8万円の交付金）を受け取っても、主食用のコメより低かったことだ。いくら環境保全のためとはいえ、収入が少なくては、栽培意欲は萎えてしまう。

エタノールを安く供給するためにはコメの生産コストを低くする必要があるが、コメの売価が安いと生産農家の手取りが少なくなる。このジレンマを打開できず、結局、試験は成功しなかった。

同様の実証試験は北海道（２カ所）でも行われたが、いずれも見るべき成果はなかった。水田を「油田」とみなし、いざとなれば、食料にもなるという夢多き事業だったが、高コストの壁を超えることはできなかった。

この他、環境省や経済産業省なども２０１０年に「バイオマス活用推進基本計画」と称して、サトウキビやトウモロコシなどを原料とするバイオエタノールの生産と使用を進める実証試験を北海道や山形県、大阪府、岡山県、沖縄などで行った。大阪では建築廃材からエタノールを製造し、沖縄ではサトウキビからエタノールを作る実証試験に挑んだが、どの試験も大きな成果を得ることはなかった。その敗因は、やはりエタノールを製造するコストが高いことだった。

生ごみや建築廃材からもエタノールを作ることはできるが、コストがコメより高くてはビジネスにはならない。

コメのエタノールを通じて水田の多機能性を発揮

では、もはや国産のエタノールは絶望的なのかと言えば、そうでもない。ブラジルのサトウキビに相当する日本の作物といえば、やはりコメしかない。新潟の実証事業で栽培されたイネよりもさらに収量性の高いイネを栽培して、そのイネからエタノールを製造すれば活路はあるのではないか。

日本ではコメの消費量がずっと減り続け、水田の面積も減り続けてきた。1960年代には約340万ヘクタールの水田があったが、2022年には約235万ヘクタールに減った。50年間で約100万ヘクタールも消失したのだ。減反に次ぐ減反が原因である。

しかし、復活させた水田で食用と燃料用にコメの生産を増やせば、食料自給率は上がる。衆議院議員の甘利氏が訴えたように、コメと地場産業とテクノロジーを結びつけるのだ。

コメの栽培の歴史は平安時代から数えても、1000年を優に超える。毎年作り続けても、連作障害がないのがコメの強みだ。

また、水田は環境の面で多様な機能を発揮する。水をはった水田は洪水時には余分な水をためてくれる。つまり、ダム代わりになる。水田の地下にもぐった水は地下水の涵養にもなる。田んぼにたまった水はいったん水田に滞るため、川の流量を安定化させる働きもある。水田に生きる生物が多いことを考えると、生物の多様性にも貢献する。

日本の伝統文化を支える行事の多くは「五穀豊穣」など自然の恵みに感謝するお祭りが多い。水田が絶えてしまえば、こうした伝統も失われるだろう。日本人の故郷の原光景は水田の光景でもある。

こうした水田のもつ多面的な機能を後世に残すためにも、やはり水田の一部を「油田」として残す道があってもよいはずだ。油田とはいえ、コメの供給地である。いざとなれば、食料にも変換できる。水田の維持は食料安全保障にもなる。問題は多収性のコメをいかに効率よく栽培するかであろう。

■超多収性のゲノム編集イネで再チャレンジ可能？

幸い、狙った遺伝子をうまく書き換えることができるゲノム編集技術で超多収性のコメが誕生している。

国立研究開発法人農業・食品産業技術総合研究機構（農研機構）はゲノム編集技術を用いて、イネの粒が大きい超多収性のコメを開発している。コメの粒が大きく、籾の数も多い超多収米だ（写真15）。その収量は10アールあたり約1〜1・2トン（1ヘクタールあ

写真15　ゲノム編集技術で生まれた超多収米

※出典・農研機構のホームページ

たり約10～12トン）と高い。通常の平均収量の2倍以上を誇る。

ゲノム編集というと、消費者の中には抵抗感をもつ人もいるだろう。しかし、車の燃料向けなら、反対は少ないはずだ。いやむしろ、これを機にゲノム編集技術に対する理解を深めるチャンスかもしれない。

それにしても、コメの生産と水田を減らす減反は愚策に尽きる。コメをもっと増やせば、国産エタノールの供給も夢ではない。水田をエタノール向けに維持すれば、水田の多面的な環境保全、日本の伝統文化の維持、食料安全保障の強化という一石三鳥の役割が果たせる。

エタノールで走るハイブリッド車なら、価格も手頃で購入でき、しかもEVに勝てることを考えると、コメから作るエタノールは自国の車産業の発展にも寄与できるだろう。

一方、森林の間伐材や農業残渣（収穫後に残る植物の茎や葉、根など）など非可食系バイオマス（化石資源を除く再利用可能な生物資源）からエタノールを作る技術革新も進む。住友商事（東京）と日本製紙（東京）、グリーン・アース・インスティテュート（Green Earth Institute・東京）の3社は2023年2月、2027年度から間伐材など木質バイオマスを原料にしたバイオエタノールの製造を始める共同開発計画を公表した。木質バイオマスや植物残渣を活用したエタノールは第2世代エタノールと呼ばれ、食料とは競合しない。日本の国土の約7割は森林だ。森林資源が豊富な日本にとって、木質系バイオマスを活用したエタノールなら、自国のエネルギー安全保障の強化にもつながる。コメと森林資源は今後、有望なエタノール資源になるだろう。

中川物産（名古屋市）の先進的な取り組みが示すように、日本でも、少なくとも今すぐに「E7」の普及は可能である。新たに多額のコストを要するインフラの整備が不要だからだ。すべては政治の決断にかかっている。そして、このエタノールの重要性をメディアがもっと報じることを期待したい。

コラム　EVは超カッコいい！　でも距離、充電に不安

「あらま、イリノイ州のこんな広大な農村地帯にテスラよ」

17年ぶりに米国中西部の穀倉地帯を訪ねた記者に同行してくれた、米ロサンゼルスに30年以上暮らす日本人の女性が声を上げた。広大な農地の中にぽつんと佇むハンバーガー店に入ろうとしたところ、その店の前をテスラが通り過ぎたのだ。テスラといえば、米国で人気の電気自動車（ＥＶ）。「ロスではＥＶをよく見ます。自宅で充電できて、わざわざガソリンスタンドに行かなくても済むし」。

どうやら高価なＥＶはロスのセレブご用達のようだ。ワシントンD.C.で会った連邦議会関係に勤める若い女性も「実家のある中西部でも補助金が出るので、ＥＶに乗っている人はそれなりにいます。ＥＶは〝クール（超カッコいい）〟な車として人気ですよ。大人にとってトイ（楽しい遊び相手）のような存在です」と言う。移動手段というより、趣味といったものか。

しかし、そんなＥＶも航続距離と充電インフラに課題があるようだ。「長距離となると、

ガス欠（燃料切れ）の恐怖があって乗れないんじゃないかしら。ロスからアリゾナに行こうとしたら、途中の充電ステーションの場所を入念に確認しておかないと砂漠の中で死んじゃう」（先述のロス在住女性）。アリゾナの砂漠ではないが、ここイリノイの農村地帯にテスラが走っていることに彼女は驚いたというわけだ。

しかも、ＥＶの車両価格は高い。ちなみに、中西部出身の女性が乗っているのは従来のガソリンエンジン車だという。また、ワシントンＤ．Ｃ．で働く若い男性は、「アパートが職場の近くだから、車は持ってないよ。地下鉄が便利だからね。必要があればウーバーを使えばいい」と話してくれた。都市部で働く若者にとってＥＶは、魅力的ではないのかもしれない。

米国ではカーボンニュートラル実現を目指して、２０５０年までに自動車のCO_2排出量をゼロにするという計画が発表されており、ＥＶの普及が進んでいる。世界のＥＶ保有台数は圧倒的に中国が多いのだが、米国はそれに続く勢いだ（２０２０年）。とはいえ、米国内で安価な中国製のＥＶに対抗して価格を下げたテスラも不振が続き、２０２４年第１四半期の決算で４年ぶりの減収に陥った。純利益については約55％のマイナスを喫している。

こんな中国のＥＶ一人勝ち状態に加え、中国との政治的関係が微妙になってきたこの5月、バイデン大統領は中国製のＥＶの関税を２０２４年中に25％から１００％に引き上げると発表。

これではカーボンニュートラルに支障をきたしてしまうと思いきや、米国ではトウモロコシ由来のエタノールを10％混ぜたＥ10という燃料が日常的に使われており、CO_2排出量削減に貢献している。ガソリンスタンドにＥ10の表示は原則ないし、２００１年以降に製造された自動車なら改造なしにそのまま給油できるので、自動車大国の米国が国を挙げてカーボンニュートラルを目指していると言えるだろう。しかも、すでに一部で導入されているＥ15、Ｅ85の利用拡大に向けた法改正の動きもある。実際、ＥＶだけでは自動車のCO_2排出量削減目標の達成は不可能と言われており、中西部のトウモロコシ生産に一層期待がかかる状況だ。

かつては家畜飼料として人間のエネルギー（カロリー）を支えていたトウモロコシが、地球のエネルギーをも支えて、地球温暖化防止に重要な役割を果たし始めたことを、広大な農地を歩きながらしみじみと感じた。

中野栄子（元日経ＢＰ社記者）

第4章
「コメ」と「トウモロコシ」の潜在力

三石誠司

1．世界は意外にトウモロコシだらけ……

■太古から近代までの「日本のコメ」：その2つの顔

少し古い話から始めてみたい。「五穀」というと何を思い浮かべるだろう。この概念は意外と古く『古事記』（712年）や『日本書紀』（720年）にまでさかのぼる。『古事記』では、稲、粟、麦、小豆、大豆が「五穀」、『日本書紀』では、小豆と大豆を合わせて豆とし、代わりに稗（ひえ）が含まれている。また、地域により地域特性を反映し微妙に内容が異なるところもあるようだ。

『日本書紀』では、有名な「大化の改新」（645年）の翌年、646年正月に「改新の詔（みことのり）」が出され、その中に「初造戸籍計帳班田収授之法[1]」という表現が登場する。当時の日本はここから、戸籍・計帳を造り、それに基づき「口分田」という形で国家から人々に田が貸与され、収穫物を納める、つまり納税という仕組みが始まった。

田（田んぼ）で作る稲（イネ）とその種子である籾（モミ、一般的社会的な用語としては米「コメ」、以下本章ではコメと記す）は、この頃から日本の食料と財政の中心となった。つまりコメには2つの顔が存在したことを理解しておく必要がある。

人々の食料としてのコメの重要性は当時も今も同じである。ただし、財政の中心としてのコメという位置づけは貨幣制度に慣れ親しんだ現代人には聞き慣れないかもしれない。そこで、日本史で学んだ「租・庸・調（そ・よう・ちょう）」という言葉を思い出してみると良い。「租」は収穫したコメを税金として納めることだ。「庸」は納税の代わりに働く（労役）あるいは絹・布・麻などの物納であり、「調」も物納である。「コメ」は税金、国家の収入であったことがわかる。同じ意味で後には「年貢」という言葉も使われるようになる。まさに現代の「税金」に相当する。

この基本的な形は長い目で見れば比較的最近まで継続していた。大名のパワーとして

1　岩波文庫『日本書紀（四）』（1995）の258頁には、該当箇所の書き下し文として、「初めて戸籍（へのふみた）・計帳（かずのふみた）・班田収授之法（あかちだをさめさづくるのり）を造れ」と記されている。つまり、「一定の手続き・形式を以て戸籍・計帳を造り」、それをもとに徴税するということである。

図4−1　豊受大神とケレス

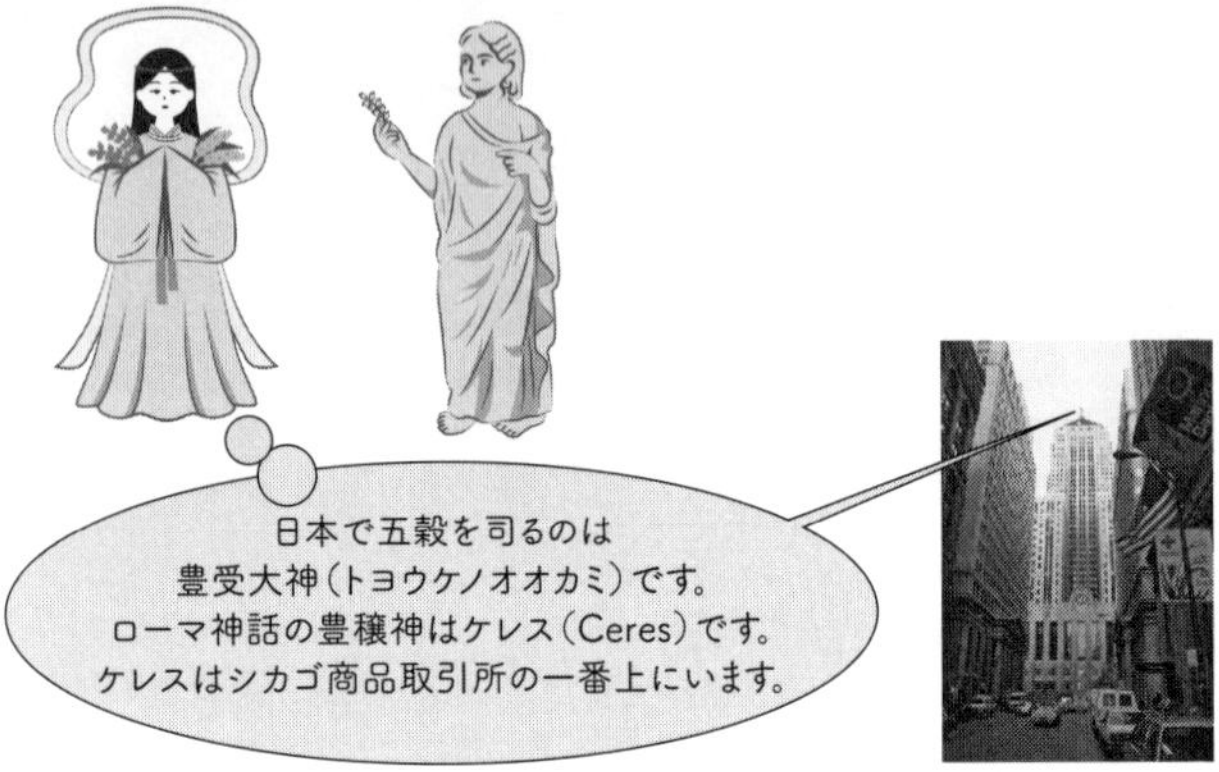
日本で五穀を司るのは
豊受大神(トヨウケノオオカミ)です。
ローマ神話の豊穣神はケレス(Ceres)です。
ケレスはシカゴ商品取引所の一番上にいます。

「○○万石」という表現がよくつかわれていたことは知られている。まさに財源としての「コメ」が国家制度の根幹として存在したわけだ。これは「コメ本位制」とでも表現したほうが良いかもしれない。こうした仕組みが仮に「大化の改新」から明治維新（1867年）まで継続したとしても1200年以上になる。今では時代遅れの古い仕組みかもしれない。一方、かつてのローマ帝国のように超長期にわたり継続した国家財政の基本的仕組みとして見ることも可能である。そう見ると、フレームワークとしての律令制度の凄さを少し感じられるだろうか。さて、皆さんはどちらの視点でコメをとらえているだろうか。

現代の多くの企業経営者や為政者は3〜5年を

中期、10年程度を長期として考えるようだが、先を見る視点の違い、国家や組織が長期にわたり存続するための財政基盤をどう構築するかという視点の違いには極めて興味深いものがある。

ここで、コメからトウモロコシに視点を変えてみたい。

2．「米国のトウモロコシ」は「日本のコメ」

日本では１０００年以上の時間の振り返りが可能だが、米国はどうだろうか。コロンブスによる北米大陸「発見」は１４９２年、メイフラワー号による英国からの最初の移民は１６２０年、そして米国の建国は１７７６年7月４日である。

もちろん、コロンブス以前から北米大陸に人は住んでいたが、ここでは１４９２年から現代までの約５００年を見てみたい。地域としてのアメリカ（America）ではなく、国家としてのアメリカ合衆国（The United States of America、以下この意味で本章では「米国」とする）の「大化の改新」を建国の年と見れば、現代まで約２５０年となる。歴史の

図4−2　日本のコメと米国のトウモロコシ

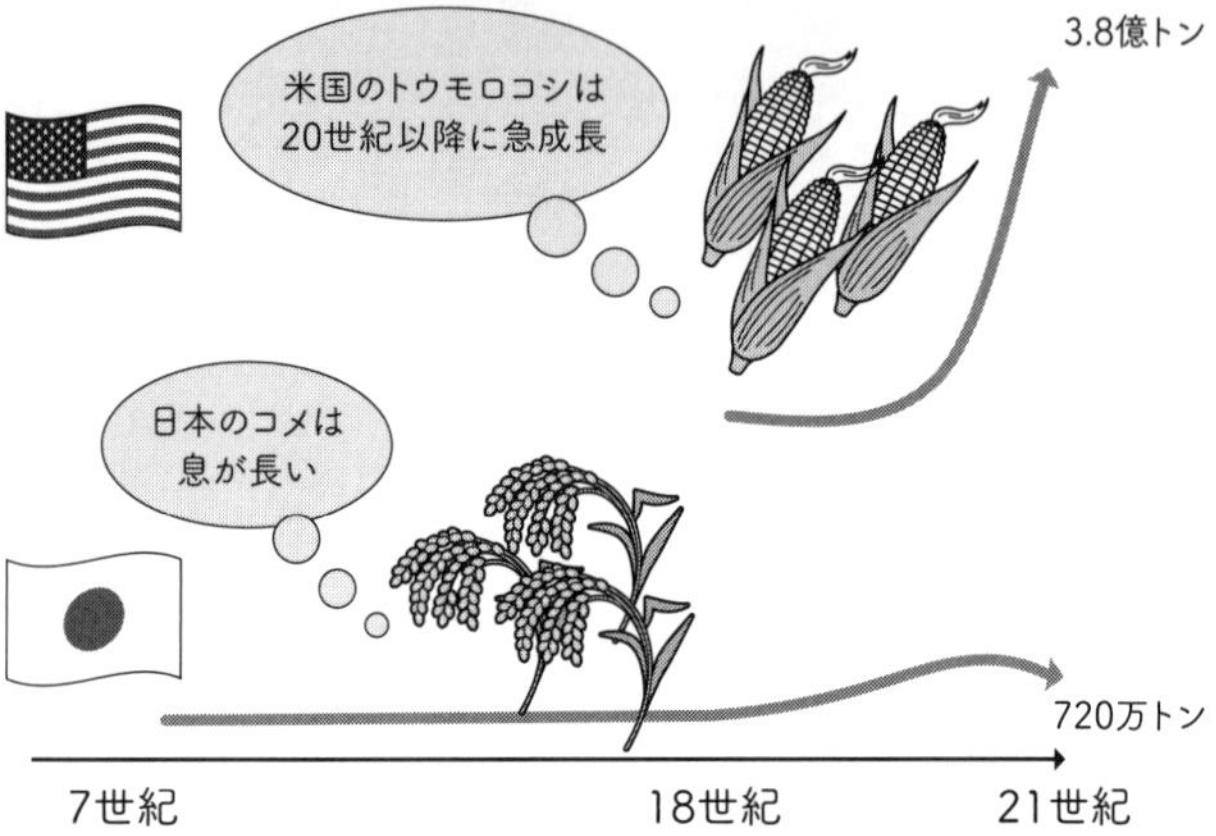

長さでは日本と米国は大きく異なり、この点は日本が大きな優位を示している。

ただし、その後の米国の成長と発展を見ると歴史の長さが必ずしもうまく機能したとは言えないかもしれない。変な例えだが、日本人が小中高としっかり勉強を継続して大学受験をするタイプとすれば、米国人は高校2年くらいまでは部活動や趣味に没頭し、高校3年の1年間だけ集中して受験勉強を行い目標の大学に入学したような印象すら受ける。入学してみればわかるように人生は入学後のほうが長く、学びや経験も入学するより、入学してからどう過ごすか、そして卒業後のほうが重要である。

さて、話を戻して米国の250年間をもう少し細かく見てみたい。実際に米国がスパートをかけたのは後半、それも直近の１５０年間、さらに後半の50年間である。そこで徹底的に集中「勉強」（投資・開発・普及・応用）をしたのである。それでは米国は何を集中的に「勉強」したのだろうか。

食料・農業分野で言えば、日本の１０００年を支えたコメと同様、社会的・経済的、そして国際的機能を担う重要な農作物を作り上げたということになる。もう明らかであろう。その農作物がトウモロコシ（corn、正確には yellow corn）である。

米国農務省は、穀物（grain）という場合、小麦、コメ、粗粒穀物（coarse grain）という分類を実施している。大豆やナタネ、綿花などは搾油（crushing）して植物油を採る原料という意味で油糧種子（oilseeds）と呼び、別のカテゴリーに分けている。

図４－３は、２０２４年7月時点の世界の穀物・油糧種子の需給バランスをまとめたものである。[2] 現在、世界の穀物・油糧種子の合計生産量・需要量は約35億トンである。この中でトウモロコシは粗粒穀物約15億トンのうち約8割、12億トンを占めている。そして12

2　USDA, "Grains: World Market and Trade", July 2024 及び "Oilseeds: World Markets and Trade", July 2024.

図4－3　世界の主要穀物の需給状況（2024/25年見通し、単位：千トン）

	小麦	コメ	粗粒穀物	油糧種子	合計
前期末在庫	260,990	177,185	337,942	128,290	904,407
生産量	796,187	528,173	1,512,383	686,090	3,522,833
需要量	799,940	527,270	1,511,924	670,100	3,509,234
当期末在庫	257,237	178,088	338,401	144,280	918,006
在庫率（%）	32.2	33.8	22.4	21.5	26.2
前年度からの在庫の増減	–3,753	903	459	15,990	13,599

出典：米国農務省資料（2024年7月12日発表）（コメは精米ベース）

世界のトウモロコシの生産量見通し（2024/25）：単位（千トン）

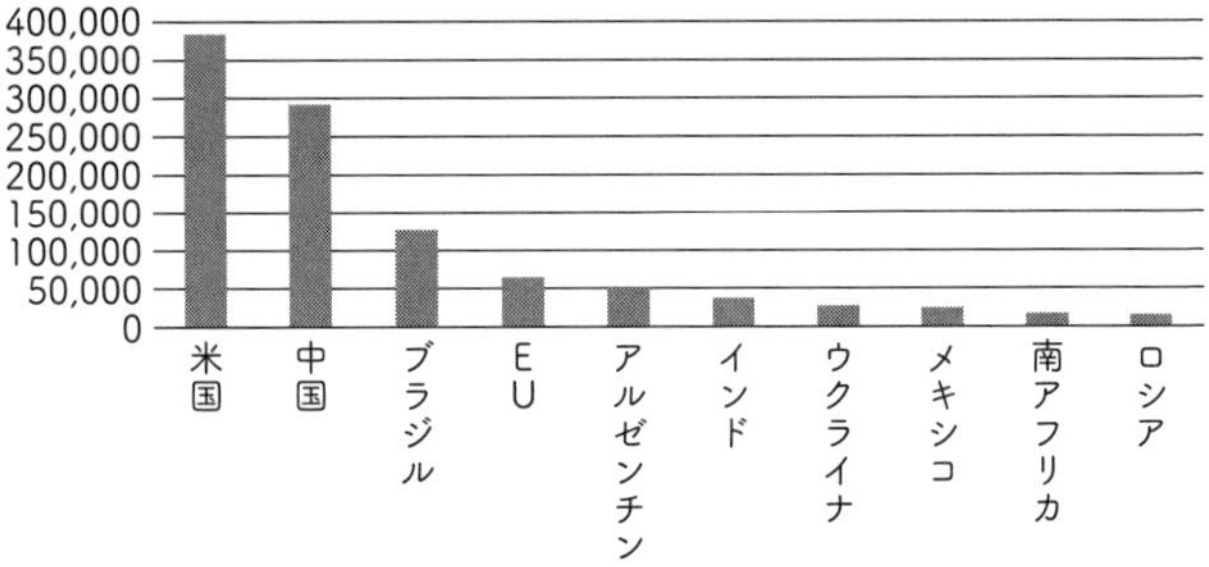

億トンのうち、米国は生産量3・8億トン、需要量3・2億トンを占め、いずれも世界最大である。

これだけを見てもトウモロコシ、特に米国のトウモロコシがいかに大きなウエイトを占めているかがわかる。言いかえれば、世界の穀物・油糧種子の生産・需要量全体35億トンのうち3分の1はトウモロコシであり、米国は世界最大の生産国という訳だ。

ただし、その米国産トウモロコシも永遠に無敵ではない。近年では、生産量では中国（2・9億トン）、ブラジル（1・3億トン）、需要量では中国（3・1億トン）の急速な追い上げに直面している。これは世界レベルでの競争である。

それにしても、米国のトウモロコシが長期にわたり競争優位を維持してきた点、これはよく見ておく必要がある。トウモロコシそのものは米国以外の国でも生産されてきたが、何が米国産トウモロコシをこれほど強くしたのか。次に、その点を検討してみたい。

3. 米国のトウモロコシの特徴（強さ）は何か？

穀物（grain）としての米国産トウモロコシの特徴を見る場合、例えば、生育期間や成分、最近では遺伝的形質の違いなどがある。形質（trait）とは植物や動物などが持つ特徴のことだ。つまり、遺伝的形質とは親から子へと受け継がれる特徴と考えられている。従来、これらの特徴は自然によるものと理解されていた。だからこそ、伝統的な品種改良にはとてつもない時間と労力が必要とされたのである。

ところが、近年の生命科学では有益と考えられる特徴を意図的に選択可能になってきた。ハイブリッド種子の開発、遺伝子組換え技術による除草剤耐性や害虫耐性を持つ種子の開発、さらにゲノム編集技術などの例がある。過去半世紀を振り返ると多くの人の脳裏に思い浮かぶこうした技術の進歩と作物への適用が米国産トウモロコシの強さの要因である点は間違いない。ただし、それはあくまでも複数要因の中のひとつに過ぎない。

米国の競争優位はこれら技術面だけで成立したわけではない。植物としての特性だけではなく、「モノ」としてのトウモロコシを俯瞰的に眺めて見るとよくわかる。先に述べたような500年、1000年といった時間軸を設定して変化を見るのと同じである。

さて、図4－4の上段には、主要穀物の生産に占める米国の割合、下段は同様に輸出に占める米国の割合が示されている。トウモロコシと大豆はいずれも3割ほどだ。日本ではコメや小麦を中心に穀物を見る考え方が一般的だが、生産量でも貿易面でも小麦やコメよりもトウモロコシと大豆のウエイトが大きいことがわかる。

一般に、穀物はコモディティ（commodity）の代表例とみなされる。英語のcommodity

図4−4 主要穀物の生産量・輸出量と米国のウエイト（単位：千トン）

	小麦	コメ	トウモロコシ	大豆
世界の生産量	796,187	528,173	1,224,789	421,854
米国の生産量	54,659	7,039	383,558	120,701
米国の割合（%）	6.9	1.3	31.3	28.6
世界の輸出量	212,887	54,299	194,242	176,397
米国の輸出量	22,500	3,225	56,000	49,668
米国の割合（%）	10.6	5.9	28.8	28.2

出典：米国農務省資料（2024年5月10日発表）（コメは精米ベース）

は「商品」と訳されるが、この単語には複数の意味がある。「商品」に加え、広く入手可能な日用品や必需品、あるいは便利なもの、などである。経済学的には、完全あるいは実質的に代替可能な価値を持つ財やサービスを意味する。現実の取引では穀物の一粒一粒をどこの誰が生産したかは考えない。一定の規格（例えば、米国穀物規格）に基づき同等の価値があるものとして売買が実施される。

ビジネスの観点から見たコモディティの特徴は、代替可能かつ低価格、つまり大量に取り扱ってこそ一定の利益が出る点である。したがって、穀物の輸送にはトラックや貨車だけでなく、はしけや大型の輸送船などが用いられている。

ところで、「あらゆる商品・サービスはコモディティ化する」というのは有名な命題である。そしてコモディティ化の対極に位置するのが差異化であり付加価値化と呼ばれるものだ。有名な米国型生産方式は「大量生産」である。同じモノ、取り換え可能なモノを「規模の経済」を活用して大量かつ安価で生産し、世界の市場を席巻してきた。穀物生産も例外ではない。

ただし、ここで注意する点がある。大量生産による優位性の獲得はいわば低コスト戦略であるという点だ。低コスト戦略は、自分よりも安くかつ大量に生産する競争相手が登場した場合には窮地に陥る。

こうした一般原則を踏まえた上で、米国が優位性を維持するために採用してきた戦略をよく見るといくつかの段階があることがわかる。目に見える段階として、まずは新大陸という場所を確保したこと、次に大量生産による価格優位の確立、これで負け始めたら品質の細分化・規格化を進める。そして徹底的な輸送の安定化である。これらの段階にはそれぞれ重なる時期があるが、長い目で見れば、こうして少しずつ取引の仕組みを整えていったのである。

息の長い話になるが、大量のコモディティを取り扱う場合、こうした段階をしっかり実施するだけでも数十年単位で優位性が維持可能となる。実際、ブラジル産トウモロコシはかなり前から注目されていたが、国際取引に耐えられる形にこれらのハードルを克服し始めたのはここ数年のことである。急速に追撃しているとはいえ、まだ完全ではない。

こうした戦略の組み合わせにより米国の優位性は長年にわたり圧倒的であったが、そろそろ次のステージに移りつつある。米国農務省が２０２４年7月に公表した数字を見ると、２０２４／25年度の世界のトウモロコシ輸出に占める割合は、米国28・８％、ブラジル26・３％とまだ米国が２・５ポイント上回っている。しかし、これはあくまで現在の状況である。

２０２４年初めに出された長期見通しでは２０３３／34年度の世界の輸出に占める割合について、様々な前提付きではあるものの、米国の26・９％に対し、ブラジルは32・８％まで増加することが見込まれている。[3] 今後、各年の豊凶などにより一時的な順位交代はあるであろう。ただし、米国農務省自体が、今後10年で確実にトウモロコシの輸出について

3　USDA-OCE, “USDA Agricultural Projections to 2033”, February 2024. アドレスは、https://www.ers.usda.gov/publications/pub-details/?pubid=108566（２０２４年5月27日確認）

図4－5　米国とブラジルのトウモロコシ輸出競争

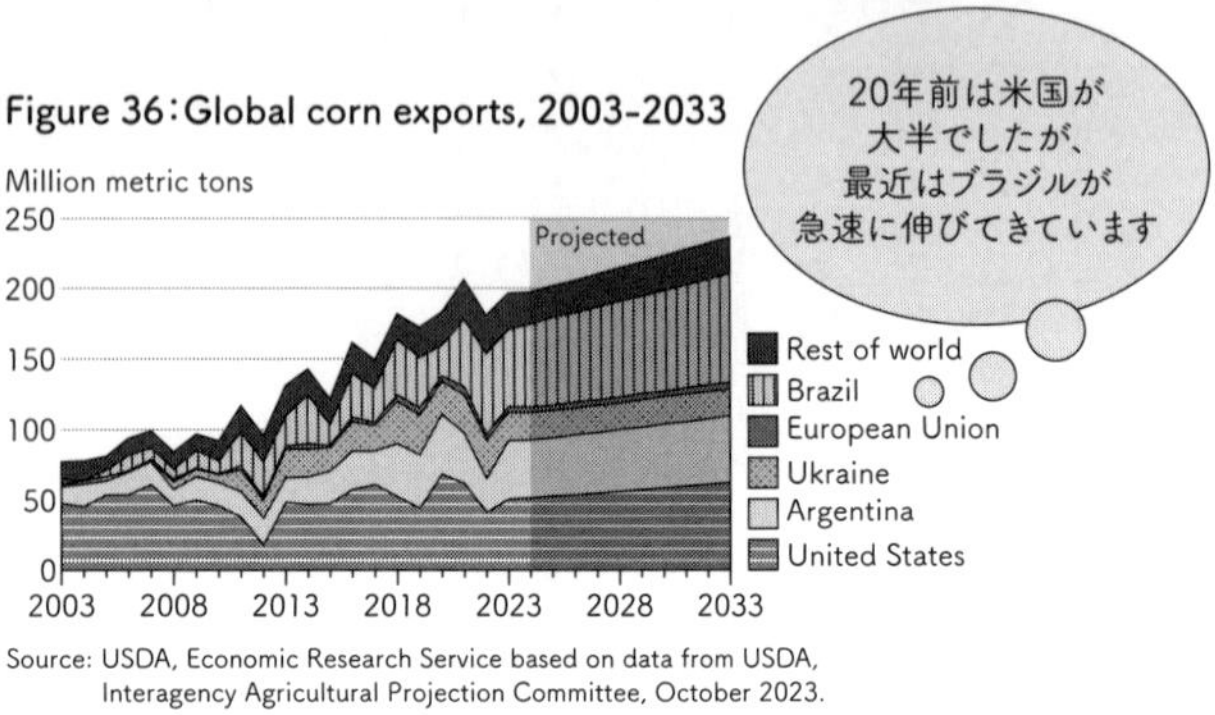

Source: USDA, Economic Research Service based on data from USDA,
Interagency Agricultural Projection Committee, October 2023.

は米国からブラジルへの首位交代が生じると冷徹に認識しているようだ。

それにしても自分たちが近い将来首位を奪われることを堂々と公表するのはなぜだろうか。需要増加、つまり数量的な見通しがそうだからでは説明にならない。むしろ、米国はこうした事態に対応する準備がすでに整ったから堂々と言い始めたと考えるほうが少なくとも海外では、そして戦略的には理屈が通る。

それでは米国は予想される競争力喪失への対応をどう準備してきたのだろうか。

4. 米国のトウモロコシ需要の大きな構造変化

米国がトウモロコシに対する考え方を根本的に変化させたのは、農業や食品産業以外の社会における大きな変化が影響している。一言で言えば、国際環境、それも国際政治と環境問題、これに農業問題が加わったという点がポイントである。

これらを細かく見る前に、時計の針を50年程戻し、１９７４年と２０２４年を単純に比較してみたものが図４－６である。[4] 一見してわかるように、多くの項目が３～４倍に増加している。

収穫面積の増加が１・３倍に過ぎないにもかかわらず、生産量が３・２倍に増加しているのは単収が２・５倍に増加しているからだ。半世紀前には１ヘクタールあたり４・５トンしか取れなかったトウモロコシが、現在では11・４トン取れている。これは品種改良、栽培技術などの成果である。

4　USDA-FAS, PS & D Data より筆者作成。PS & D とは Production, Supply and Distribution の頭文字。

図4－6　米国のトウモロコシの50年前と現在の比較

	1974年（a）	2024年（b）	（b）／（a）
収穫面積（千ha）	26,469	33,766	1.3
期首在庫（千トン）	12,292	47,673	3.9
輸入	51	635	12.5
生産量	119,421	383,558	3.2
国内需要	88,404	322,087	3.6
飼料需要	76,930	147,962	1.9
FSI需要	11,474	174,125	15.2
輸出	29,186	56,518	1.9
期末在庫	14,174	53,261	3.8
単収（MT／Ha）	4.5	11.4	2.5
飼料需要／国内需要（％）	87.0	45.9	—
FSI需要／国内需要（％）	13.0	54.1	—
輸出／総需要（％）	24.8	14.9	—

出典：米国農務省資料（2024年5月10日発表）

それにしても、この中でひと際目立つのがＦＳＩ需要の15・2倍という数字だ。ＦＳＩとは、food, seed and industrial use、つまり「食品・種子・工業用使用」の頭文字である。中身は文字通りだが、実際には食品と種子の需要は少なく大半が工業用である。図４－６の下段に示したのは、トウモロコシの米国内需要のうち、かつて最大需要であった国内需要とＦＳＩ需要の割合推移である。

国内飼料需要は１９７４年に

は87・0%、FSI需要は13・0%であったが、2024年には完全に逆転している。さらに、総需要に占める輸出の割合は1974年には24・8%を占めていたが直近では14・9%にまで低下している。

以上から読み取れることは、大きく3点ある。

第1は、生産面の特徴として過去半世紀の間に米国産トウモロコシの生産量は3・2倍へと大きく伸びたことだ。ただし、それは作付面積の増加以上に単収の増加による点が大きい。この背景には品種改良や生命科学を含む複数の技術的進歩が存在する。

第2は、需要面だが、こちらは総需要としては3・6倍に伸びている。ただし、その内容に大きな変化が見られる。半世紀前には需要の大半を占めていた国内飼料需要は絶対量としては1・9倍に伸びているが、総需要に占めるウエイトは今や半分以下に過ぎない。代わりに大きく伸びたのがFSI需要であり、その中でも工業用需要、特にエタノール生産の原材料としての需要である。エタノール需要は今やFSI需要の約8割を占めている。

第3として、輸出需要の数字はある程度一定しているが、総需要に占めるウエイトは低下している。この点については後にもう一度述べたい。とりあえずここでは総需要に占める輸出の割合が再び低下してきていることが重要だ。必要なトウモロコシのほぼすべてを輸入に依存している日本としては、米国内需要が強くなれば当然、数量の確保や価格交渉の面で影響が生じるからだ。

ところで、米国はどうしてエタノール生産にトウモロコシを使用するようになったのだろうか。そこで、次にエタノールをめぐる世界の状況を見てみたい。

5. 世界と米国のエタノール生産

■世界のエタノールの生産

図4-7は、世界のエタノールの生産状況を国別に示している。[5] 世界のエタノール生産量は2007年には131億ガロンであったが、2023年には296億ガロンと過去16年間で倍増している。

1ガロンを約3・785リットルとした場合、296億ガロンは1120億リットルと

図4-7 世界のエタノールの生産状況

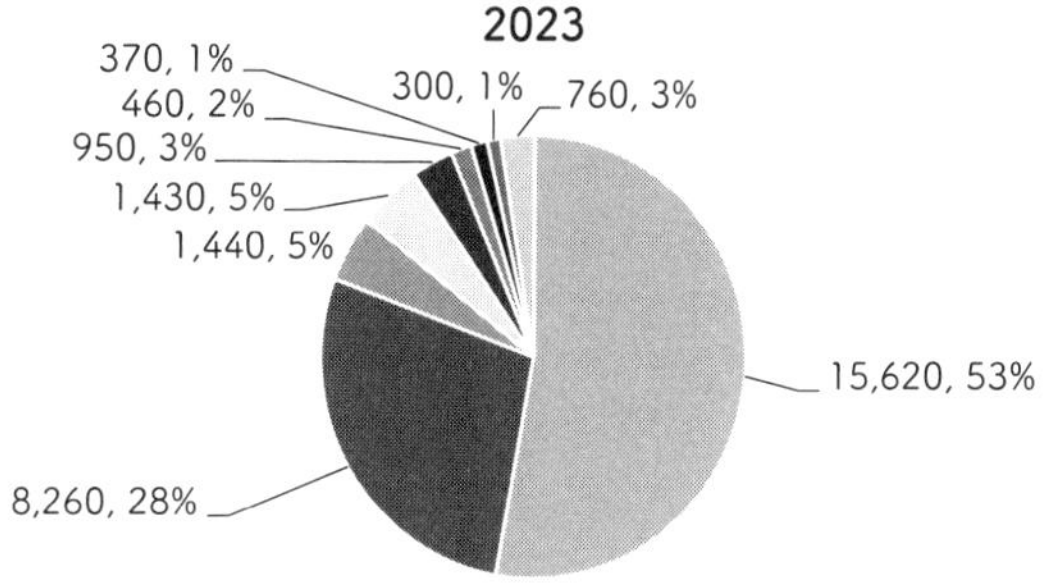

Source: Renewable Fuels Association, "Annual Ethanol Production"

なる。正確に言えば、エタノールは水よりも密度が少ないため（例えば、薬用エタノールは1ミリリットル＝0・789グラム）数字は多少異なるが、便宜的に1000リットルを1トンとすれば、1120億リットルは約1億トンと考えても良いであろう。これが世界の年間生産量である。

国別生産量を見ると、直近では全体の53％を米国が生産している。また、その米国の生産量はグラフ（図4－8）で見る限り過去10年程度は150億ガロン前後で一定している。これは、米国では政策に

5 Renewable Fuels Association "Annual Ethanol Production", アドレスは、https://ethanolrfa.org/markets-and-statistics/annual-ethanol-production （2024年5月27日確認）

図4-8　米国のエタノール生産量の推移（単位：百万ガロン）

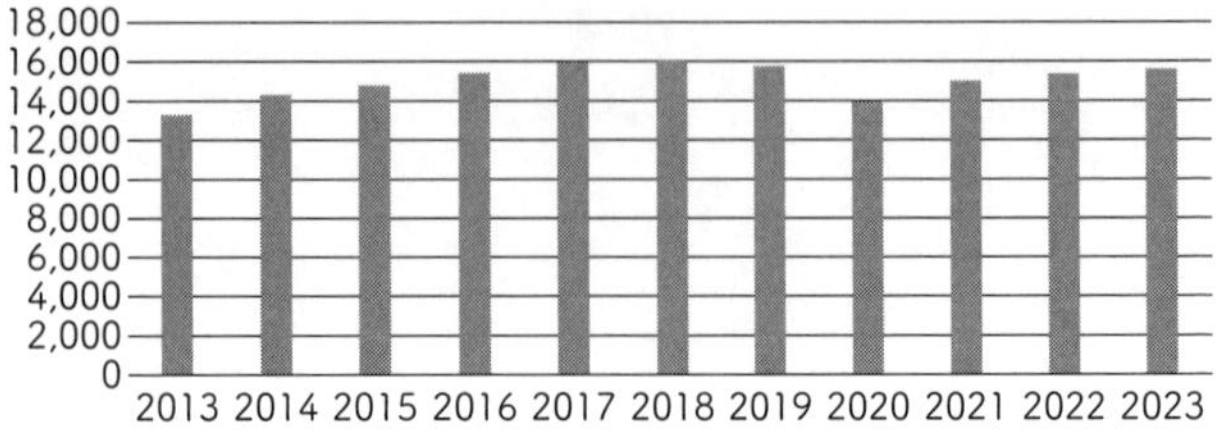

Source: Renewable Fuels Association, "Annual Ethanol Production"

より再生可能燃料の生産上限が決められているからだ。

米国に次ぐ生産量はブラジルで２０２３年には83億ガロンである。かつては世界一のエタノール生産量を誇ったブラジルだが、今では米国の半分強しか生産していない。ちなみに、米国のエタノールの原料はトウモロコシが中心だが、ブラジルではサトウキビが中心である。実は、この点は日本の将来を考える上で重要なヒントが隠されているが、それは後で述べたい。

ブラジルの次はＥＵである。ただし、生産量は14・4億ガロンとかなり差がある。そしてＥＵに続くのがインドの14・3億ガロン、そして中国の9・5億ガロンである。

生産量で見る限り、２００７年当時は米国とブラジルにはあまり差はなかった。つまり、変化はそれ以降に生じたことになる。

■米国のエタノール生産

さて、ここで少しだけエタノールの歴史を振り返ってみたい。米国では最初期の自動車産業においてはガソリンに添加される形でエタノールが使用されていた。フランスでも同様にして使用されていたようだ。

米国エネルギー省（DOE）は、1981年当時のエタノール生産量を8300万ガロンと記録している。先と同様の計算をすれば3・14億リットル、つまり約30万トンとなる。

2023年の米国のエタノール生産量は156億ガロン（≒5905万トン）と考えれば単純計算で197倍になる。急成長前の1981年から見ると平均成長率は毎年13％程度を40年以上継続したことになる。現実には、米国でエタノール生産が年間10億ガロン（約379万トン）を超えたのは1993年、15億ガロン（約568万トン）を超えたのは2000年である。

つまり、米国において、エタノール産業が本格的に成長し始めたのは、長く見ても30年程前からであり、実質的には過去20年に過ぎない。

では、この20年間に何が米国で生じたのか。

6. なぜ米国はトウモロコシをエタノールに使ったのか？

■安全保障のための使用義務化

２００５年、米国ではある法律が成立した。英語でEnergy Policy Act of 2005というこの法律は、２００５年エネルギー政策法と呼ばれている。まず、この法律で「再生可能燃料基準（RFS: Renewable Fuel Standard）」という基準が作られた。

その後、２００７年になりEnergy Independence and Security Act of 2007という法律が作られる。こちらは２００７年エネルギー自立・安全保障法と言われている。そしてこの法律で新たな「再生可能燃料基準（ＲＦＳ２）」が公表（２０１０年２月）され、同年７月から適用されている。

再生可能燃料基準の内容を簡単に示せば、トウモロコシを用いるものと、先端バイオ燃料の2つに分けられる。先端バイオ燃料の中はさらにセルロースをもとにしたものと、バイオ・ディーゼルに分かれている。

要するに米国は、国家としてエネルギー政策、そしてエネルギーの自立と安全保障を考慮した上で、一定量の再生可能燃料の使用を義務化したのである。先ほど２００７年の再生可能燃料基準（ＲＦＳ2）について述べたが、例えば、２０１０年当時では総量１２９・５億ガロンのうち、１２０億ガロン（93％）をトウモロコシで達成することになっていた。

２０１５年以降、再生可能燃料の総量は３６０億ガロンとされており、そのうちトウモロコシを用いた再生可能燃料であるエタノールは１５０億ガロンで一定している。これが米国のエタノール生産量がおおむね１５０億ガロンで一定している理由である。

米国はどうして、このような判断に至ったのか。それは当時の国際環境を振り返るとよくわかる。

２０００年代前半までの米国は、簡単に言えば石油の半分、天然ガスの約2割を輸入に依存してきた。19世紀半ばの１８５９年にペンシルヴァニア州タイタスビルでドレイク油田が掘り当てられて以降、カリフォルニア、テキサス、アラスカなど国内に有数の油田を発掘してきた。20世紀になると米国は中東からの石油も確保してきた。現代文明が石油文明と呼ばれるほど石油に依存している以上、石油はいくらでも必要になったからである。

一方、もともと中東は宗教上、そして政治上も非常にデリケートな地域である。第二次世界大戦後の1948年から1973年までの間に、中東戦争と呼ばれる戦争が4回発生している。その後、よく知られているものだけでも1980〜88年はイラン・イラク戦争、1990〜91年には湾岸戦争、さらに2003〜11年にはイラク戦争が起こり、2023年以降はパレスチナ・イスラエル戦争が継続している。

これだけ戦争が多発する地域において、多大な困難を伴いながらも米国が中東の石油権益を確保し続けたのは、国家安全保障上、石油が不可欠であったからに他ならない。

■続発する課題とその対応

ところが、1970年代以降、別の面からの懸念が生じてきた。まずは、化石燃料である石油を大量に使用し続けることに伴う環境面での懸念である。簡単に振り返ると、19

72年に環境問題に関する初の本格的会合として国連人間環境会議（ストックホルム会議）が開催され、「人間環境宣言」がなされた。10年後の1982年には国連環境計画のナイロビ会議においていわゆる「ナイロビ宣言」が出されている。

途中1988年には気候変動に関する政府間パネル（IPCC）などが設立され、1992年には国連環境開発会議（リオサミット・地球サミット）が開催される。ここで採択された宣言がリオ宣言であり、これを実行するための行動計画が「アジェンダ21」、つまり21世紀を視野にいれて持続可能な発展を実現するための世界的な行動計画という訳だ。

なお、1992年には森林原則声明が出されるとともに、気候変動に関する国際連合枠組条約（気候変動枠組条約）と生物の多様性に関する条約（生物多様性条約：CBD）という今日に至る大きな2つの条約が採択されている。ちなみに、こうした流れを受け、日本でも1993年には環境基本法が制定されている。

そして、さらに10年後の2002年には持続可能な開発に関する世界首脳会議（ヨハネスブルク・サミット）が開催された。また、2003年には「生物の多様性に関する条約のバイオセーフティに関するカルタヘナ議定書（カルタヘナ議定書）」が発効する。

これらを国際的な流れとすれば、米国国内でも考慮すべき環境変化が生じてきた。米国内では老朽化したガソリンスタンドなどから漏洩したＭＴＢＥ（メチル・ターシャリー・ブチル・エーテル）による地下水汚染などが発生した。ＭＴＢＥは１９７９年頃から自動車用ガソリンのオクタン価を向上させるためなどに使用されてきたが、地下水汚染だけでなく、発がん性が指摘されるなど大きな懸念を引き起こし、２００５年には環境保護庁により２０１４年以降のガソリンへの添加を禁止する決定がなされた。

さらに、２００６年以降は掘削技術等の進歩によりシェール層（頁岩層）のオイルやガスの掘削が本格化した。エネルギー分野では、従来型の石油に依存したエネルギー・バランスを全体として見直す機運が高まった訳だ。

最後に中長期的な観点から見た農業技術の進歩を忘れてはならない。異常気象などにより個別の年で見れば豊凶は変化したが、１９８０年代以降、総じて言えばトウモロコシの生産は順調に伸び続け、膨大な余剰在庫を継続的に生み出していたのである。

中長期的に見て需要を上回る供給が継続すれば価格は低下する。余剰穀物を抱えた米国としては海外市場向けの輸出を促進した時期もあったが、それだけでは安価な穀物輸出国になってしまう。そもそも大量生産による価格低下が継続すれば米国内の農家を支援するための政府支出も拡大する。国際競争での地位確保と国内農家支援に伴う膨大な財政負担が蓄積されたのである。

米国としては安全保障、環境問題、大量生産・在庫による安値販売と巨額な財政負担という複数の課題を何とかこなさなければならない状況に追い込まれたことになる。目の前にある大量のトウモロコシから石油に代わる再生可能燃料のひとつとしてのエタノールを作るという発想は、こうした背景のもとに生まれ、それが先に述べた２つの法律に収斂していったというわけだ。

新しい産業の構築

新しい産業、これは一人の天才的な人物あるいは極めて優秀なコンサルタントなどの発案によりもたらされたのだろうか。そのような可能性はゼロではないし、そうだとすれば極めてドラマチックに見えることは確かである。

しかし、残念ながら現実はそうではない可能性が高い。意思決定に追い込まれた多くの責任を伴う立場の人々が、直面する様々な課題を切り抜けるための長年の経験と、集合的かつ現実的な日々の訓練の結果として生じた知恵の形で生み出されたもの、いわば創発的戦略（emergent strategy）である可能性が高いと考えられる。

その理由は、米国はかつていくつもの分野で世界をリードした時と同じパターンを繰返してきたことが歴史から読み取れるからだ。19世紀には運河、鉄道、石油産業、20世紀初頭には自動車、その後は化学繊維、近年ではコンピュータ、そして生命科学に関連するビジネスを作り上げてきたのと同様のパターンで、エタノール産業を構築してきた訳だ。

もちろん、各々の産業でヒーローとして後世に残る人はいる。ただし、ヒーローだけでは一企業としては成功しても限界がある。産業として成立する過程ではヒーローの周囲に数多くの、あまり知られてはいなくても強力かつ多数の協力者が存在したことも歴史は教えてくれる。

もうひとつ忘れてはならない点はシュンペーターが述べているように、イノベーションは「組み合わせ」ということだ。すでに述べたように、エタノールをガソリンに添加するための技術とその実践は20世紀の初頭から存在した。原料穀物としてのトウモロコシ生産

図4－9　米国が本格的に創り上げた代表的な新産業の例

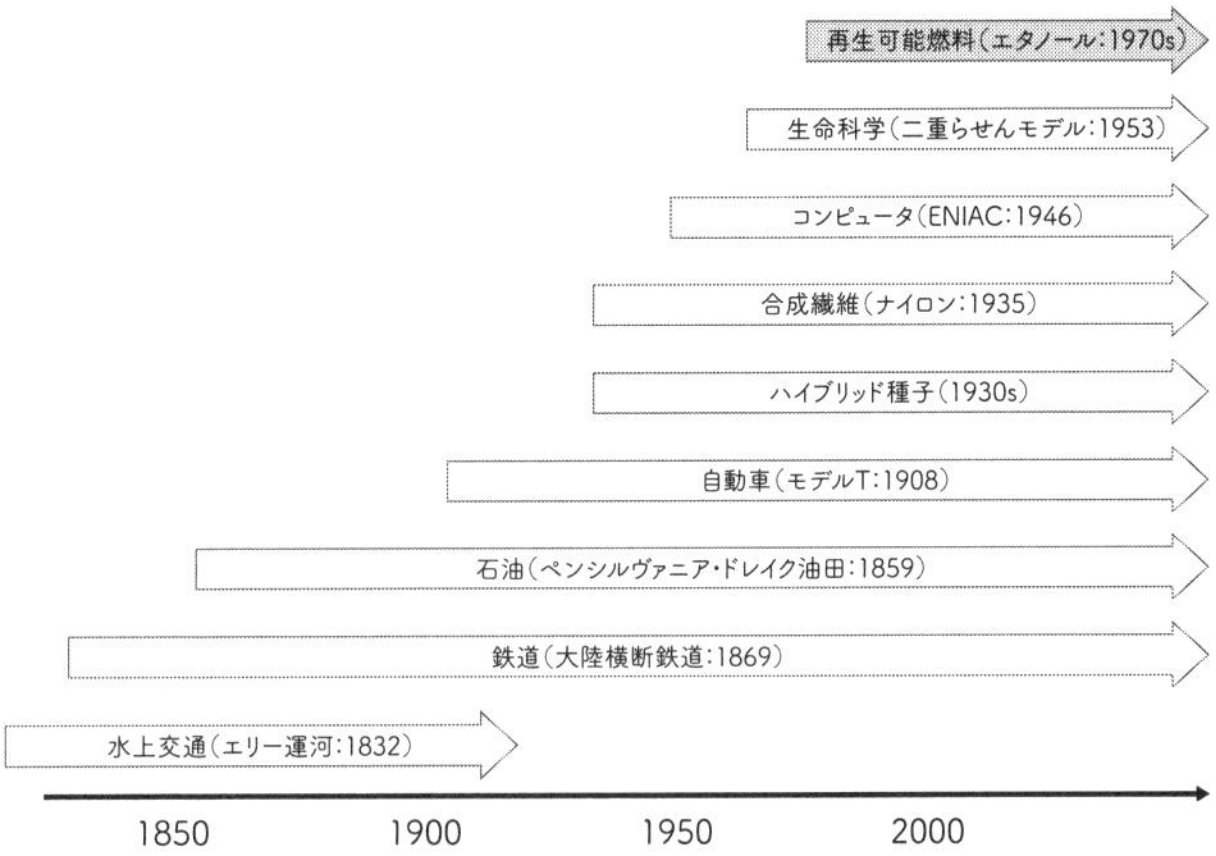

もはるか昔から存在した。

ところが、代替品として安価な石油があり、大量の飼料需要があればわざわざトウモロコシからエタノールを作ろうなどとは考えない。必要に迫られたからこそ、入手可能なもので何とか課題を突破するという動きになったと考えるほうが自然かつ合理的である。

国民性と言えば国民性だが、米国人はこのパターンを何度も繰り返して新しい産業を創り出している。そして、当初はいろいろと批判を浴び失敗を繰り返しながらも常に結果として本格的な産業を〝最初に〟確立させている。これも大事なポイントである。先発だからこそ、莫大な利益を得られるだけでなく、輸送や取引単位など市場の基本的ルールを自らにとって都合の良い形に基本設定できるわけだ。

その上で一定期間利益を享受し、後発の競争業者が力をつけ、業界が成熟から衰退に向かう段階になると、あえて首位から早目に降りる可能性を示唆するような行動を示す傾向が見受けられる。

繰り返すと、自分たちが作り上げた産業において、業界のリーダーとして一定期間は君臨する。その後、後発の競争相手が成長してくるとそれなりに地位を守りつつ、かなり早い段階から少しずつ次の時代の基幹産業へ軸足を移していく。

競争相手が多数登場してくることも、そしていずれ自分たちが抜かれることも十分に理解した上で既存の産業と権益を守り、同時に全く新しい観点から次の時代の基幹産業を見事にゼロから作り上げ、そこで先行者利益を最大限享受する、という流れだ。

時代時代により舞台設定と振付師、目の前に見える役者は異なるが、米国の産業、あるいはビジネスの歴史は基本的にこのパターンの繰り返しである。トウモロコシの用途を飼料用からエタノール生産に変化させたのも、こうした一連の流れを理解すれば米国お得意の「いつものやり方」であることがわかる。

形ができ上がってから、つまり評価が決定してから参入するのは、株式投資に例えれば、ニュースなどで最高値を付けたと報道された会社の株をあわてて買うようなものだ。安値のときに同じ株を仕込んでいた専門家は、高値のときには余裕で売り抜ける、だからこそ市場が成立するというのも皮肉な現実かもしれない。

こうした視点は、通時的、つまりかなり長期的に物事を見ないと見逃してしまう。

7. 日本の食料安全保障、そして日本のコメの可能性

これまで、世界と米国の穀物需給、そして米国のトウモロコシとそのエタノールの生産への活用を簡単に見てきた。そこでやや視点を変え、これまでの検討から得られるいくつかの教訓を考えてみたい。言いかえれば、中長期的な課題に直面した場合、米国はそれを克服するためにいかなる対応を実践したかということでもある。

次に、その教訓を日本に活用するとしたら、現実にはどのような活用方法が可能である

かを考えてみたい。

国際政治とエネルギー問題、環境問題、農業問題に対して米国が用いた素材はトウモロコシである。同じように考えるなら、日本が自由に使える素材はコメになる。この素材を用いて大きくは食料安全保障、そして小さくは具体的に何をするかというのが切り込みの視点である。

■新しい産業の素材としての「コメ」

大きな背景と取り組みの視点をもう一度述べたい。一言で言えば、複数の競争相手の出現により自国の優位性が中長期的に低下することを想定した場合の現実的対応、ということになる。言いかえれば、高齢化・離農などの環境変化に対する漠然とした「恐れ」ではなく、いかにして自国内で（生産から消費まで）完結可能な資源であるコメに備わる既存の優位性を伸ばしていくか、そして新たにコメを中心とした産業を構築するか、と考えたほうが良い。この最後の視点は非常に重要である。

ビジネスの世界にはよく知られた「米国式生産方式」というものがある。そのポイントは、互換性原理（compatibility）と量産方式（mass production）のセットだ。19世紀以降、不断の努力を続けた結果、20世紀の米国はこの2つの原理を核とした形で銃器・自動車・石油精製や化学繊維など数多くの分野で世界をリードしてきた。

このパターンは農業分野にも応用されている。例えば、種子だけで見ても、最初は商業用種子の導入、次にハイブリッド種子の開発と普及、そして近年では遺伝子組換え種子などにも適用されている。根底に流れる考え方や手法は皆、共通だ。繰り返しになるが、これをしっかりと理解しておく必要がある。

米国がトウモロコシ生産において世界1位となった背景には、広大な土地というリソースを前提とし、先の2つを徹底的に活用して最高の生産性を上げ続けたこと、そして大量の生産を吸収するだけの市場を常に作りあげてきたことが大きな要因である。あくまでその結果として、規模の経済を十分に享受したということになる。

しかし、このパターンにはいくつかの制約があることも事実だ。

第1に、成長を継続するため、言い換えれば当該市場における競争優位を保持し続けるためには、生産性向上だけでは不十分なことだ。成長の継続にはどこかの段階で必ず新需要の創造が求められる。それは国内でも海外でも、あるいは全く異業種でも構わないが、新しい市場、つまり需要を創る、これが不可欠になる。それがなければ、やがては後発の低コストあるいは先端技術を備えた競争相手に駆逐されていくからだ。

第2に、仮に第1が達成されたとしても、戦略上で最重要な点は、当該商品の根源（ソース）を自ら押さえておく点である。そうでなければ、単なる巨大な取引・売買業者にしかならない。

いくら規模が大きくても扱うモノがなければ取引は成立しない。大事な商品はどのような形であれ、生産の大本を確保してこそ、技術開発など多大な時間や労力を必要とする方向に資源を投入でき、誰もなしえていない方向に展開するという選択肢を持つことが可能になる。ユニークな思い付きだけでは一時的に成功しても持続力がなければすぐに消え去ることは多くの企業や組織の歴史が証明している。

こう言うと、穀物メジャーは穀物生産農場を持っていないではないかと言われそうだが、ここで言う大本とは農地そのものではなくても構わない。穀物の例で言えば、収穫された大量のバルク・コモディティである穀物をひとつの均一的な取引単位にまとめて動かす仕組みである。米国中に点在する貯蔵施設（エレベータ）がその役割を担っている。

最近はバリュー・チェーンという言葉がよく使用されているが、単に生産から消費までをつなげた付加価値の鎖（チェーン）という意味でしか理解していない方が多いようだ。ここはもう少し深く比喩的な理解が必要である。

ただつなぐだけであれば一本のロープでも構わないが、それをあえて鎖に例えた理由は何か。これは鎖がちぎれる場面を想像してみればよくわかる。強固な鎖であれば、チェーン全体が強くなるが、ちぎれるのはどこからか。すべてのポイントは鎖の輪と輪のつなぎ目である。左右から逆方向の力で引かれた際、最も力を受ける部分だ。一番大変な部分だが、そこを押さえていれば鎖は安定し全体のチェーンが機能する、というわけだ。

穀物メジャーは農地を所有していないが、彼らの流通網がなければ多くの農家は市場へのアクセスができない。石油も地下に埋蔵されているだけでは掘削することができず、さらに原油を掘り出しても輸送施設と精製施設がなければ利益を生む石油製品を作り出す仕組みは生まれないのと同じことだ。

こうした観点から日本を見ると、興味深い対比ができる。

第1の点、つまり市場の創造については、高度成長期から1980年代までの日本は自動車や家電製品などを中心に世界中で見事に実施した。一般に日本で海外駐在と言うと商社の方々が思い浮かぶかもしれない。世界中にネットワークを持つ商社の駐在員が新たな市場開拓に大きな力を発揮したことは間違いない。

ただ、もうひとつ忘れてはならない点がある。通常、商社の海外駐在員の駐在期間が数年と比較的短いのに対し、メーカーの技術者の駐在期間は10年単位になることも珍しくない。どこかの国に新たな市場を見出しても、それを何年にもわたり維持・拡大していくにはやはり継続的な製品のフォロー、そしてそれを可能にする信頼関係が必要になるからだ。

10年単位で新興市場に根を張り、現地で確固としたフォローを継続してきた技術者とその家族が存在したからこそ、コーポレート・ジャパンの日本製品はある時期世界を席巻したことも忘れてはならない点である。近年の日本は、こうした点でも世代交代の時期を迎えているのかもしれない。

■「大本」を押さえる

さて、第2の点、大本を押さえる、これはどうか。ヒト・モノ・カネ・情報という観点から見た場合、いろいろな判断ができる。最もわかりやすいのはＧＤＰ（国内総生産）のランキングである。これは１９６８年に当時の西ドイツを上回り西側世界第2位（当時はＧＮＰ：国民総生産）になり、その後、２０１０年までに中国に抜かれて3位になるまで名目ＧＤＰでは42年間、世界第2位であった。これが２０２３年にはドイツに抜かれ世界4位となったようだ。

これについても、名目か実質か、総額か一人あたりかなど、比較の視点はいろいろとあるが、ここでは一番わかりやすい名目に話を絞る。米国に次ぐ西側世界第2位の地位を半世紀近く維持していたが故に、そこからの転落はショックとも言えるし、さらに4位となると……、と考える気持ちは十分に理解できる。

一方、世界の総人口の80分の1、割合にして1％強しか占めていない日本としては、2位であろうが4位であろうがそれほど変わらない、むしろ依然として全体的にはかなり上位にいると考えることもできる。ただし、一人あたりのＧＤＰランキングになると、すでに30位以下という現実は冷めた目で押さえておいたほうが良い。

こうした状況を見て、もうダメだと思うか、まだまだこれからやり方次第と思うかだが、できれば自滅するような道は辿りたくないものだ。そのためには、日本が持つ資源（ヒト・モノ・カネ・情報）を最大限活用することである。資源の大本を押さえておけば、そこから様々な形で付加価値を生じさせる工夫を凝らすことができる。大量の資源を所有していてもそれを生かせない相手と、知恵と技術で十分に渡り合うことが可能になるわけだ。この２つこそが、最重要な教訓であると言えよう。

さて、１９８０～90年代以降の米国のトウモロコシ生産は、品種改良により生産量が著しく増加し、価格低迷に苦しんでいたことは先にも述べた。これを解決する基本的な方法は、生産を抑制するか、需要を創造するかであった。長年にわたり異業種での市場あるいは需要創造の経験がある米国のアプローチは当然後者であり、新規需要としてエタノールを選択したということになる。国際政治、環境問題という外圧と国内農業の新たな市場を創るという見事な「合わせ技」の結果と見てよいのではないだろうか。

■日本のコメをどう見るか

図4－10　日本のコメの長期推移

収穫量（左軸：t）・収量（右軸：kg/10aあたり）

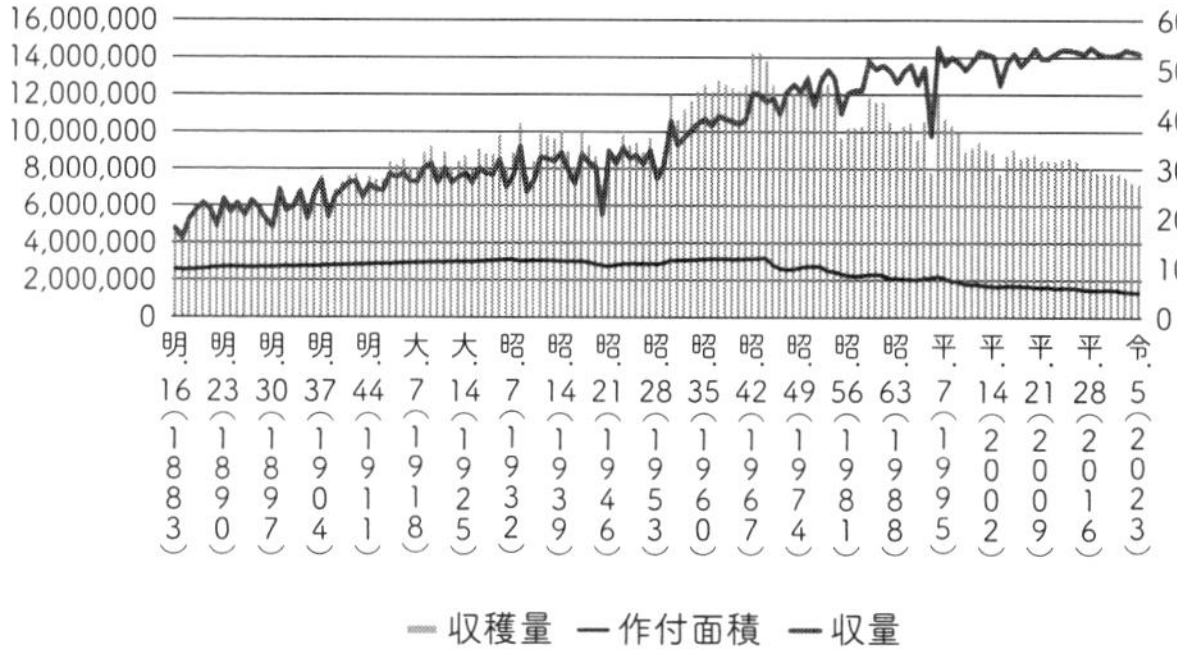

出典：農林水産省「作物統計」より筆者作成。

それでは、日本のコメをどう見たら良いか。

戦後の食料難時代を経て１９６０年代まではコメの増産、これを一丸となって目指した時代があった。

水稲だけで見れば、最大の年は収穫量が１４２６万トン（１９６７年）、作付面積は３１７万ヘクタール（１９６９年）、だが、10アールあたりの単収のピークは年々上昇して５３６キログラム（２０２３年）というのが現実である（図表４－10）。ちなみに２０２３年の水稲は作付面積１３４万ヘクタール、収穫量は７１６万５０００トン、ピーク時と比較すれば現在までの約60年間で作付面積は４割に、収穫量は半分に減少したが、単収は約１・３倍である。

この間、生産性向上と国内需要減少の影響で1971年以降は生産調整という名の減反政策が実施されている。減反は2018年に終了したが、この半世紀の間に日本人の食生活が大きく変化してきたことは言うまでもない。

ここで、その時々のコメ生産やコメ政策に関係した多くの人々の思いや気持ちを述べることは率直に言えば、あまりにも荷が重い仕事になる。何より私自身、それこそ「一粒のコメ」すら自分では作ったことがないからだ。後出しジャンケンのような形になるが、あえて歴史を振り返り、唯一言えるとすれば、それは、課題に直面した際に採用した方針(戦略)が日米では良くも悪くも真逆、つまり、市場や需要の創造ではなく、生産の抑制に集中したということに尽きる。

なぜ、このようになったのか。「〇〇だから」などと一言で言えるほど簡単なものではないはずだ。以下は、あくまで私自身の「感覚的」な記述である。

危機に直面した際にどのような対応策を取るかという姿勢の違いだが、これはもしかすると両国の歴史的経験の違いが大きいのかもしれないと考えている。

先に述べた大化の改新(645年)以降、班田収授法(646年)、三世一身の法(7

23年）、墾田永年私財法（743年）などの時代をいわば「起点」とし、現代までの流れを大きく振り返れば、日本農業の根本は食料あるいは財源としてのコメをいかに確保するかであったことは先に述べた通りである。

現在でも地域により「○○新田」という名称が数多く残るのを見ることがある。これはいかにコメの確保が地域経済に直結していたかを示している名残りであろう。

一言で言えば、コメは約1300年にわたり日本人の心の底に染み込んだ国家最大の貴重な資源、リソースであるということだ。ただし、現代の私たちは、依然としてこのリソースを「食料」としてのみ扱っているという点、これは再考してもよい点である。これは、困難に直面した際に視点の違いを取り入れ、トウモロコシを戦略商品かつ産業用原材料として位置付け、新しい産業を作り出した米国との比較を実施すると根本的な違いとして明らかになる。

多くの日本人は食料としてのコメについては徹底的に考えたかもしれない。ただし、その他の用途については、結果として現在までに米粉を活用したパンやピザ、あるいは「パックご飯」などの一部の動きはあるものの、米国のエタノール産業に匹敵するような産業

構造を根本から変える「新たな市場」も「新たな需要」も十分に創り出せていないという

のが残念ながら現実ではないだろうか。

　コメそのものやコメを生産する国土、自然を敬う気持ちを否定する気など全くないし、パン食や小麦粉の利用を否定する気もない。最大の問題は、コメに関する「新たな使い方」とそれに伴う「新たな市場」を開発するのに大きく出遅れているということだ。

　例えば、食料としてのコメの「新たな市場」としては、日本国内だけでなく西アフリカや中東におけるコメ需要増加への対応が考えられる。アジアでも恒常的にコメを輸入している国はある。フィリピンなどは年間300〜400万トン、インドネシアは年にもよるが、それでも150万トン程度、さらに輸出大国であるベトナムですら直近では750万トンを輸出し、300万トン弱を輸入するという形で用途や価格動向に応じてうまく使い分けている。中東や西アフリカ諸国は言うまでもない。

　こうした話に対し、品種が違う（インディカとジャポニカ）、価格が違うという批判が何年にもわたり繰り返されてきた。しかし、これらの国々から日本食が不人気という声を聞いたことはない。むしろ、聞こえてくるのは「日本食もどき」による被害と、本当の日本食を食べたいという声ではないだろうか。ニーズがあるのになぜ、そこにアプローチできないか、これは大きな謎である。

「新たな需要」を食料に限定しなければ、例えば、バイオ燃料の原料としてのコメの産業用途の開発などにも可能性がある。食料自給率（カロリーベースで38％、２０２２年度、農林水産省）は関心度の高いテーマだが、エネルギー自給率（13・３％、２０２１年度、資源エネルギー庁）と比べると本当は何が問題なのかがよくわかる。ちなみに「衣・食・住」と言うが、自給率で言うなら、衣は３％、食は38％、住は木材自給率が41％といったところである。[6]衣の自給率３％、これは問題がないのであろうか。

さて、話を戻そう。資源エネルギー庁によると、現代日本のエネルギー（一次エネルギー）の内訳は、１９７３年の石油ショック時には石油が76％、石炭が17％で、全体として化石燃料の依存度が94％もあった。[7]その後は少しずつ改善し、２０２２年度では石油36％、石炭26％、天然ガス22％とこの上位３項目で84％と比較的バランスが良くなっている（図

6　三石誠司「「衣食住」の「変化」を素直に眺めてみましょう」、『月刊ＪＡ』２０２４年４月。アドレスは、https://www.zenchu-ja.or.jp/gekkanja/future/20240401-2/（２０２４年５月25日確認）

図4－11　日本の一次エネルギー供給構成の推移

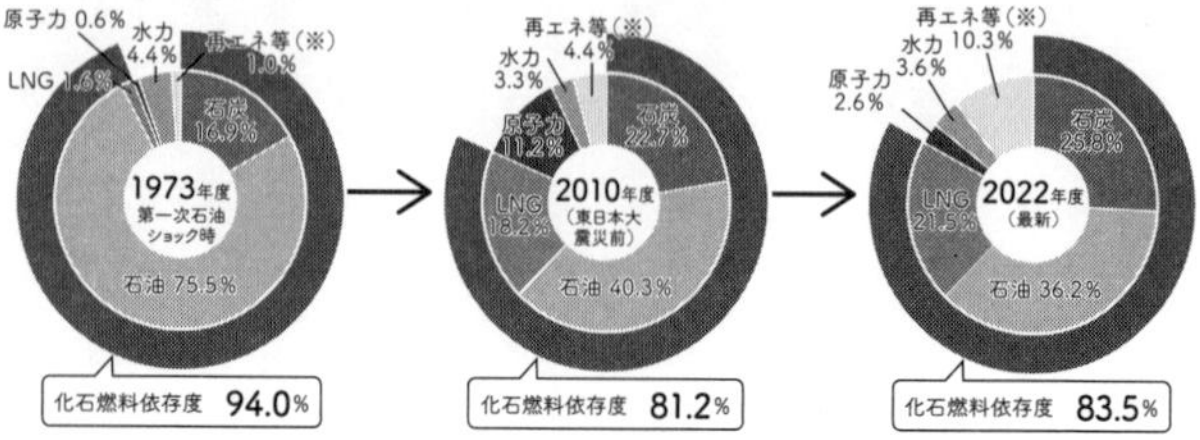

※四捨五入の関係で、合計が100%にならない場合がある
※再エネ等（水力除く地熱、風力、太陽光など）は未活用エネルギーを含む
出典：資源エネルギー庁「総合エネルギー統計」の2022年度速報値より。

4－11）。さらに水力4%、原子力3%、そして残りが再生可能エネルギーといったところである。2022年度の全体の化石燃料依存度は84%である。

ここで問題は、メタンハイドレードなど、未利用の海洋資源は別として、全体の3分の1以上を占める石油は、依然としてそのほぼすべてを中東地域などからの輸入に依存しているという点だ（図4－12）。天然ガスや石炭は、石油ほど中東地域に依存してはいない。ただし、石炭輸入はオーストラリア67%、インドネシアが14%、天然ガス輸入はオーストラリア43%、マレーシア17%、ロシア10%、などという数字を見れば、日本にとって、これらエネルギー資源の生産・輸出国との関係がいかに重要であるかが十分にわかるであろう。

図４－12　日本の化石燃料輸入先（2022 年）

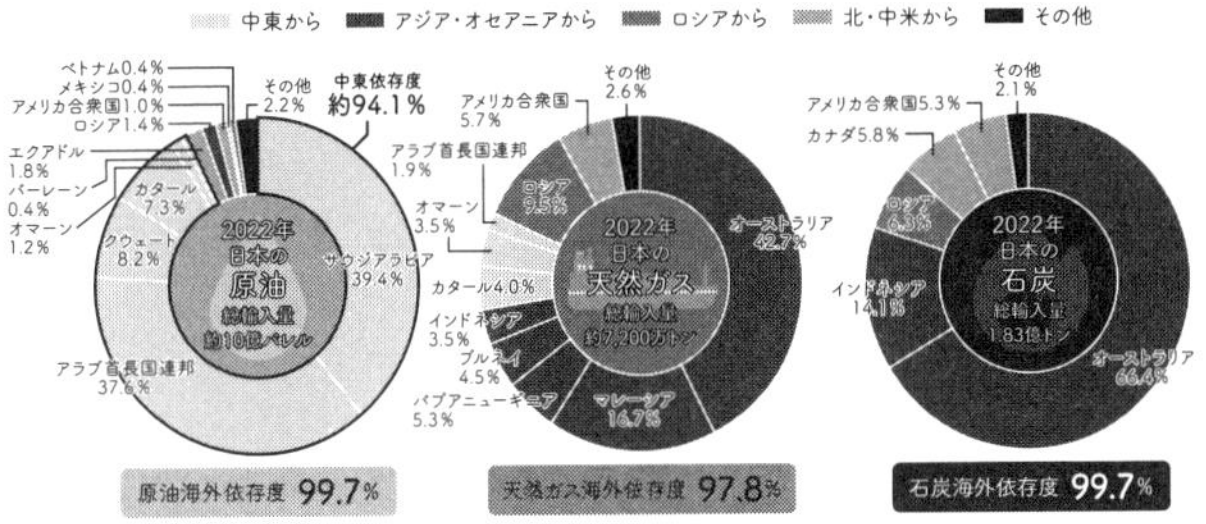

出典：資源エネルギー庁「日本の化石燃料輸入先（2022 年）」、数字は財務省「貿易統計」をまとめたもの。

「コメ」の可能性を、もう一度考える

言うまでもなく、日本の国土はコメの生産には最適である。現在でも年間750万トン程度のコメは生産可能であり、その気になればさらに増産は可能であろう。実際に過去1400万トン水準を作ってきたこともある。

コメ生産をひとつの製品生産と考えれば、日本の国土は大量のコメを作る生産設備がまだ温存されていると考えたほうが良い。その場合に求められる技術開発

7　資源エネルギー庁「2023─日本が抱えているエネルギー問題（前編）」、2024年4月26日。アドレスは、https://www.enecho.meti.go.jp/about/special/johoteikyo/energyissue2023_1.html（2024年5月25日確認）

の方向とは、食用としての用途を前提とした生産性向上だけでは不十分である。最終製品の用途を産業用途にまで拡大することにより、新しい技術開発と市場の可能性が見えてくる。

これは、コメの生産工場とも言える水田の維持管理に従事してきた農家の高齢化や、食料としてのコメ消費の減退を反映して増加している荒廃農地への対応としても大事なポイントである。

もちろん、収益性をいかに確保するかは大きな問題である。おいしいことを述べても、実際にコメ生産を実施して生活ができなければ新規就農など絵空事になってしまう。ここで言える点は、米国ですらひとつの新しい産業の構築には20年近くの時間と持続的な政策的意志、そして費用と労力を費やしてきたことだ。数年程度で産業構造の改革などとてもできるものではない。ただ、明確な目的（日本のコメ生産と農村風景を残す）、と目標（国内では食料用途以外に産業用途を拡大し、同時に海外輸出を行う）を設定すること、そしてそのために生産を継続する、このくらいはできるのではないだろうか。その上で、目的を達成するためには、国や自治体も中長期的な支援を行う、ということになる。これは最低でも一世代、20~30年程度のイメージを持ち、腰を据えて構想すべき内容である。

ちなみに、現在の日本農業において分野別で最大産出額を誇る畜産は、実は膨大な輸送費用をかけて海外から穀物を輸入した上に成立していることも忘れてはいけない。

私は大学教員になる前、安価な飼料穀物の海外からの調達に従事してきた。その仕事に誇りを持ってきた。それは今でも変わらない。その当時、親しい方々とよく議論をしたが、意外と衝突した点は、「最高の肉を作るために、最高の飼料原料を世界中から集める」という思想ではなく、「足元にある飼料原料を用いて最高の肉を作る」、この後者の思想こそが必要ではないか、という点である。おそらく当時は高度成長期の日本で活用された加工貿易モデルが成功パターンとしてあまりにもうまく機能したため、前者のような発想に多くの日本人が陥っていたのかもしれない。

その結果、本来なら日本が大量に所有しているリソースを用いて、いかに新たな競争優位を確立するかというビジネスにおける基本的かつ長期的な戦略的視点の欠如につながっていたのではないかと常に自問自答している。

8. おわりに

人は意外と「戦略」や「戦術」という言葉が好きなようだ。本章での説明は省略するが、実は個別産業をどうするかという次元の上には、現在から将来に向けて一国が抱える複数の産業をどう組み合わせていくかという、いわば国の産業ポートフォリオのような考え方が求められる。これは政治学や戦略論の用語で言えば、「大戦略（グランド・ストラテジー）」に相当する。

日本や米国という国家の大戦略の中ではエネルギーや農業はあくまで個別産業であり、これらをどう組み合わせ、将来に向け全体として持続的な競争優位、平たく言えば生き残り策を構築するかが常に考えられている。EUなどはこれがさらに国家の上のレベルとして具現化したものと見ることができる。

一方、国家の下の次元では文字通り、個別産業の生き残り、優位性を獲得するための競争が行われている。これも単一次元ではなく、産業の分野ごとにいわばオペレーションの最適化が追求される。民間企業同士の垂直統合や合併・買収などはわかりやすい例である。

さらに下の段階では、いわば目の前の課題の即時対応が求められる。対面ビジネスにおける接客・顧客対応などがその例になる。

以上を簡単に言えば、畑に何をまこうか、どの作物の組み合わせが良いかと考える次元、まいた種を育てて収穫・輸送する次元、そしてキッチンにある農作物をどう調理するかの次元……、と考えてみたら良いかもしれない。

残念ながら、現在の日本におけるコメをめぐる状況は、とりあえず今日必要な分だけを作り、あるいは購入するという状況に近い。燃料や肥料の輸送が停滞し、店舗に物が届かなくなれば即座に困るのに、そのような事態はほぼ想定しておらず、備えも準備もしていないと言ったら言い過ぎであろうか。近年の情勢変化により、ようやくそうしたリスクを多くの人たちが他人事ではなく自分の事として感じ始めたのは良い兆候である。

＊

食料に限らず将来的な安全保障を真剣に考えるのであれば、少なくとも自国内にある生産可能な農地には何かを植え、それを生かす途を各レベルで徹底的に考える必要があるはずだ。子実トウモロコシの作付けは悪くはない。だが、長い目で見れば、日本中の水田をトウモロコシ畑に変えても米国には到底追いつかないし、そのようなことは国民の多くが望まないであろう。本丸はやはり日本最大のリソースであるコメの活用である。それこそ、徹底的に頭と必要な資金を使うべき対象である。

農村風景の美しさは世界中で知られている。そこにこそ、本当の価値があると気が付いたEUはかなり前に農家への補助金ではなく、「環境」という看板を前面に出し、綺麗な田舎の風景を保存するために予算を活用し始めた。その結果、農家もしっかりと生き残る……ということであり、逆ではない。

米国では何十年にもわたりトウモロコシが作られ、今でもその風景は変わらない。しかし、できたトウモロコシの行き先は畜産農家からエタノール工場にシフトしている。

EUでは麦が、米国ではトウモロコシが実る、各国の特徴を反映したそれらの風景は変わらないし、農家はしっかりとその土地に根差した作物を作り続けている。ただ、それをどう活用するか、ここで人々の知恵と力が試されている。日本の秋に稲穂が頭を垂れる風景が継続するかどうか、それは私たちの知恵と意識、行動次第である。

＊

この章の最後にひとつエピソードを記しておきたい。かつて餅は日本の各所で神仏に捧げられていた。筆者のいる東北はコメの産地だが、地域レベルでの行事が多く、お祝いや祈願のたびに餅が使われていたようだ。これを伝統・文化・習慣として理解するのは重要かつ簡単だが、それが行き過ぎると神聖な供物として、定められた「形式」や「使い方」以外には何も手が付けられなくなる。その「形式」や「使い方」だけを必要以上に追求すると、時代や環境の変化から取り残され、文化遺産としての価値だけが残り、実用性が消滅する。実用性がなければ需要も減少する。

供物としての餅の本質は実は庶民の生きる知恵の結晶であること、これは数年前にある学生の卒業研究の結果として再認識した。定められた年貢米は納めなければならないが、神仏へのお供えは別枠である。いったん供えた後はお供え品を無駄にせず地域の皆で分け合う、これも重要かつ現実的な目的であり、人々の楽しみであったようだ。ある地域ではなんと週に一度のお祭りが存在したのは、神仏を敬うと同時にお供え品を皆で分け合うという人々の切実な願いでもあったわけだ。

食が豊富になった現代では、形としてのお祭りが文化遺産として残る……、これはこれで消えるよりは良いが、やはりもう少し、新たな形でコメを活用できれば異なる展望が開けるのではないかと考えている。

そして、こうした逞しさを現代のコメや農地に応用することこそが、各々の地域、そして結果としてその集合体としての国家が生き残ることにつながり、同時に各地域の伝統や神仏を敬うことにもつながるのではないだろうか。

終章
私たちの意識改革と新たなライフスタイル：5つの提言

本間正義

1. 脱炭素に向けた社会連携

メディアで報道される脱炭素やカーボンニュートラルの記事は、専門家の情報を基にしていることが多い。しかし、それを受け取る側に共通の認識があるとは限らない。特に、カタカナ用語の多い環境・エネルギー問題は、一般の読者と専門家の認識のズレが度々生じる。さらには、かなりのスピードで進展する環境・エネルギー問題の知識の蓄積を怠ると、たちまちついていけなくなる。

今日の環境・エネルギー問題は地球全体の問題であり、また私たち一人一人の生き方の問題である。ならば、地球全体と個人の生活の問題はどうつながるのか。私たちは生活をどのように変えればいいのか。その理解なしには環境・エネルギー問題の解決には至らない。専門的技術的観点からの提言に基づく政策は、それ自体はよしとしても、私たちにとっては上から目線の規制としか映らない。短期的にはそれでしのげても、気候変動のように長期にわたる問題の根本的な解決にはならない。問題の本質を理解し、私たちの生活を変える必要性に納得し、私たちのほうから積極的に行動を変えていく。そのような取り組みでなければならない。

しかし、私たちの周辺を見渡すとき、問題の本質を理解する機会は圧倒的に少ない。専門家による議論を受け、政策担当者による制度設計や政治家の立案も進んでいるように見える。しかし、そこに一般市民の顔がない。

私たちの周りを見渡すと気がつくのは、一般向けの環境・エネルギー問題に関する情報の少なさ、技術者・研究者及び政策担当者と一般市民の間の溝の深さである。エネルギーを生活から変えるためには、専門家・政策担当者・一般市民が三位一体となり、問題を考える場を増やさなければならない。それは、単に説明会とか討論会といった形ではなく、日常的に連携を図り、必要な情報を共有しアップデートするシステムでなければならない。それは、決して特定の個人のみを取り込むのではなく、オープンアクセスを可能とするネットワークでなければならない。そこで、以下の提言1を行う。

▩〈提言Ⅰ〉「脱炭素に向けた社会的ネットワーク構築」

脱炭素に向けて、人々はどのように生活様式を変えていけばいいいか。節水や節電、食品ロス等の具体的取り組みの輪を広げるために、幅広い社会的ネットワークを構築する。

2. バイオ燃料の可能性

私たちは気候変動・地球温暖化を引き起こす温室効果ガスを削減しなければならないことを知った。そのために、エネルギー源を石炭や石油から温室効果ガスの少ないものに転換する。温室効果ガスを排出しないエネルギーといえば、太陽光、風力、水力、地熱といった自然由来のエネルギーが思い浮かぶ。確かに私たちの祖先はもともとそうした自然エネルギーを利用してきた。しかし、今日のエネルギー需要を自然エネルギーで賄うことは容易ではない。自然エネルギーを私たちが利用する電気や動力に変換するには、多くの装置が必要であり、それらの装置の製作過程で出る温室効果ガスも考慮しなければならない。また、それらの装置が使えなくなったときの処分の仕方も問われる。

一方で、石炭や石油は地球上で量的に限りある資源だが、使っても再生してくれるエネルギー源がある。植物だ。植物は燃やしてエネルギー源とする。燃やせば二酸化炭素を発生する。それは石油や石炭と同じだ。しかし、植物は成長するとき、大気中の二酸化炭素を吸収する。つまり、エネルギーとして使用する前にすでに脱炭素に貢献している。したがって、その植物を燃焼しても吸収したものを吐き出すだけで、プラスマイナスで相殺してゼロになる。これがカーボンニュートラルだ。

植物だけでなく、再利用可能な有機性の資源であれば脱炭素に貢献する。ただし、ここでも効率性に差がでる。植物は薪や炭の形で燃やせばエネルギーとなるがそれだけでは使い勝手が限られ、エネルギーとしての効率も悪い。植物のなかでもトウモロコシなどの穀物をアルコール発酵させてエタノールにすれば、より効率的なまた広範に使えるエネルギー源となる。

エタノールはトウモロコシなどの穀物やサトウキビを原料とするが、それだけでなく木材などのバイオマスを発酵させて作ることもできる。バイオマスとは、生物資源（バイオ）の量（マス）を意味し、トウモロコシやサトウキビといった農産物の他、木材、わら、もみ殻、家畜糞尿、下水汚泥、廃食用油など、動植物由来のエネルギー源として利用もしくは再利用できる有機系資源を指す。また、家庭の生ごみ、外食産業・小売・卸売等流通過程での食品残渣、食品製造業等の製造過程で生じる食品残渣などもバイオマスとして利用できる。そこから生成されるエネルギー源がバイオ燃料で、バイオエタノールはそのひとつだ。

ならば、これらのバイオマスをエネルギーとして用いる方法を積極的に探るべきだ。特に、木質セルロースなど非食用バイオマスの活用は、「食料か燃料か」といった対立を避けるためにも急ぐ必要がある。しかし、現段階では実用化に至っていない。こうした研究への開発投資を増やし、産官学が一体となり脱炭素に向けた取り組みは加速しなければならない。そこで、以下の提言2を行う。

■〈提言2〉「バイオエタノールの原料となる素材の研究・利用の拡大」

バイオエタノールの原料となる植物の生産性向上のための研究開発投資を推進し、一方で、食物残渣や廃油利用を効率的に行うためのシステムを確立する。

3. 日本でもE10を推進

再生可能エネルギーとしてバイオエタノールには大きな利点がある。太陽光や風力からは基本的には電気しか得ることができないが、バイオエタノールは直接熱エネルギーとして利用できるだけでなく、液体燃料であるため、化学品の原料など様々な用途に使える。また、原料となるバイオマスは資源の量としても人類の利用を満たすだけの量が賦存しているとされる。

バイオエタノールの最大の用途は運輸部門での燃料だ。内燃機関が発明されたときに用いられた燃料はエタノールであり、世界で初めて大量生産された自動車であるT型フォードもエタノールで走っていた。しかし、石油から精製されるガソリンが普及してくるとエタノールの利用は廃れた。しかし、今日脱炭素の観点からバイオエタノールが注目され、世界各国ではガソリンにバイオエタノールを直接10％混合するE10と呼ばれる燃料が普及している。国によっては85％混合（E85）の燃料で走っている自動車もある。

ちなみに、自動車レースで用いられるレーシングカーの燃料にはバイオエタノールが普及している。もともと、オクタン価が高く、また、エンジンの爆発の可能性が低いエタノールを安全性の観点から高い混合率で使用していたが、インディカーシリーズでは2023年から100%再生可能燃料を用いることとなった。

しかし、日本でのバイオエタノール混合燃料の対応は後れている。日本ではバイオエタノールを直接混合すると不具合が起きるとの懸念から、ブテンを異性化させたイソブテンとエタノールを混ぜて製造するエチル・ターシャリー・ブチル・エーテル（ETBE）の形で導入されており、エタノールの利用率は1・7%に過ぎない。日本車でも海外ではE10対応の自動車が走っており、国内でもE10またはそれ以上の混合率でエタノールを活用すべきである。

日本では、2035年以降（東京都は2030年以降）にガソリンまたは軽油のみを動力源とする車の新車販売が禁止されるが、ハイブリッド車やプラグインハイブリッド車は対象外だ。すなわち、燃料需要は急激には下がらない。また、規制前の自動車がしばらくは一定数存在する。さらには、第3章で論じているように、電気自動車（EV）の電気の製造から使用後のEV車体の処分までのライフサイクルを考えた場合、果たしてどの程度脱炭素に効果があるのか、疑問だ。

日本ではハイブリッド車の人気が今日でも高いことを併せて考えると、自動車用燃料としてのバイオエタノールの利用率を高めることは、脱炭素に貢献する。それゆえ、以下の提言3を行う。

■〈提言3〉「自動車用燃料のエタノール利用におけるE10の実現」

日本での自動車用燃料のエタノール利用において少なくとも10％の混合（E10）を推奨することで、エタノール利用率を向上させる。

4. コメで作るバイオエタノール

日本はETBEを米国から輸入し、ブラジルからはETBE製造用のバイオエタノールを輸入している。しかし、米国からのETBEはブラジルのバイオエタノールを原料としているため、ほとんどをブラジルから輸入していることになる。

日本でE10を実現するためには、バイオエタノールの輸入を増やさなければならない。当面は、広く供給可能な海外からの輸入で賄い、バイオエタノールの利用を拡大させるのが妥当であろう。しかし、それは日本のエネルギー自給率をさらに低下させる。国内で何か手当する方法はないのだろうか。広くバイオマスを利用することは選択肢のひとつだ。日本でも入手可能なバイオマスは多い。その中で、扱いやすいのはやはり穀物だ。米国が余剰にあえいでいたトウモロコシをエタノール原料に仕向けたことを参考にするなら、日本ではコメだ。

コメは1960年代後半から供給過剰に陥り、1971年から本格的に減反政策を導入した。減反政策は生産調整という形で続けられ、今日でも巨額の補助金を支給し、コメ農家に主食用米から飼料用米へと生産のシフトを促している。主食用米の価格を高く維持するためだ。一方で、耕作されない農地が全国に多く発生している。農地という農業にとって最も重要な資源が有効活用されていない。

耕作放棄地は全国で42・3万ヘクタールあるとされている。ここでエタノール用のコメを生産するというのはどうだろうか。主食用ではないので、味はどうでもいい。単位面積あたりの収量の多い多収米を植えることとする。コメの10アールあたりの収量（単収）は平均で５４０キログラムほどだが、多収米を植えた場合、最近の研究成果によれば10アールあたり１０００キログラムの生産が期待できる。耕作放棄地で多収米を導入すれば、本書第2章で示されているように、そこから１９０万キロリットルのエタノールの生産が可能となる。これは日本ですべての自動車用燃料にE10を導入したときに必要となるバイオエタノールの約40％に相当する。

農地の維持とコメの生産継続は食料安全保障の見地からも望ましい。耕作放棄地ではすぐには生産を回復できない。しかし、エタノール用のコメの生産で農地を維持しておけば、いざというときに食用農産物の生産に切り替えることができる。

また、コメ生産の維持・拡大は農村及び地域経済の活性化に貢献する。第4章で論じられているように、コメからのバイオエタノールを「新たな市場」として開拓し、それにより農村風景を残し、農業にまつわる新たな価値を生み出す意義は小さくない。

問題はコメからエタノールを作る場合の費用だ。たとえ多収米を用いたとしても国産のエタノールは価格的に輸入エタノールに太刀打ちできない。その価格差をどう埋めるのか。

さらなる高収量品種の開発や流通コストの削減は必須だ。その上でも埋められない価格差は国民の判断にゆだねなければならない。短期的に単一商品としてのバイオエタノールの市場価格の差を見て輸入品を選ぶのか、脱炭素とエネルギー自給率の向上、そして食料安全保障や水田の維持に社会的価値を見出し、国産を選ぶのか。

そうした社会的判断を含め、国内でコメからのバイオエタノール生産を検討してみる必要があろう。そのために以下の提言4を行う。

■〈提言4〉「コメを原料とするバイオエタノールの国内生産」

耕作放棄地等を活用し、高収量品種の導入等でコメの生産コストを削減、さらに流通インフラ等を整備し、コメを原料とする国内でのエタノール生産を推進する。

5. 意識改革と新たなライフスタイル

脱炭素社会は、単にエネルギーの節約や二酸化炭素を出さない技術開発だけでは実現しない。我々の生活のあり方を見直し、将来世代にわたる人類の生き方を問題としなければならない。重要なのは「持続可能な社会」を実現することだ。持続可能とは将来世代の人たちに思いを馳せて今を生きること。すなわち、今生きている家族や友人・知人だけでなく、私たちの子孫のニーズを考慮して、今の資源を使うこと。

現代に生きる人々については情報があり、貧困や飢餓そして戦争の現実を目のあたりにすることができる。少なくとも情報は手に入る。戦争被害や格差社会を憂いて何かしらの行動を起こすこともできる。しかし、将来世代は目にみえない。だからこそ意識改革が必要となる。そのステップが日常を脱炭素と調和するライフスタイルに変えることだ。

再生可能エネルギーや二酸化炭素排出が少ない交通手段を選ぶだけでなく、食事や衣服そして住居の選択にあたっても脱炭素を意識しなければならない。市民の日常生活を支える様々な製品やサービスは、その製造、輸送、使用段階から廃棄に至るまで温室効果ガスを排出していることに注意を払う必要がある。これらの消費のあり方を見直し、脱炭素型の製品やサービスを活用することをライフスタイルとしなければならない。

なぜ、ライフスタイルを変えることが必要か。それは以下の図５－１に示すように、二

図5－1　日本のカーボンフットプリント内訳（2015年）

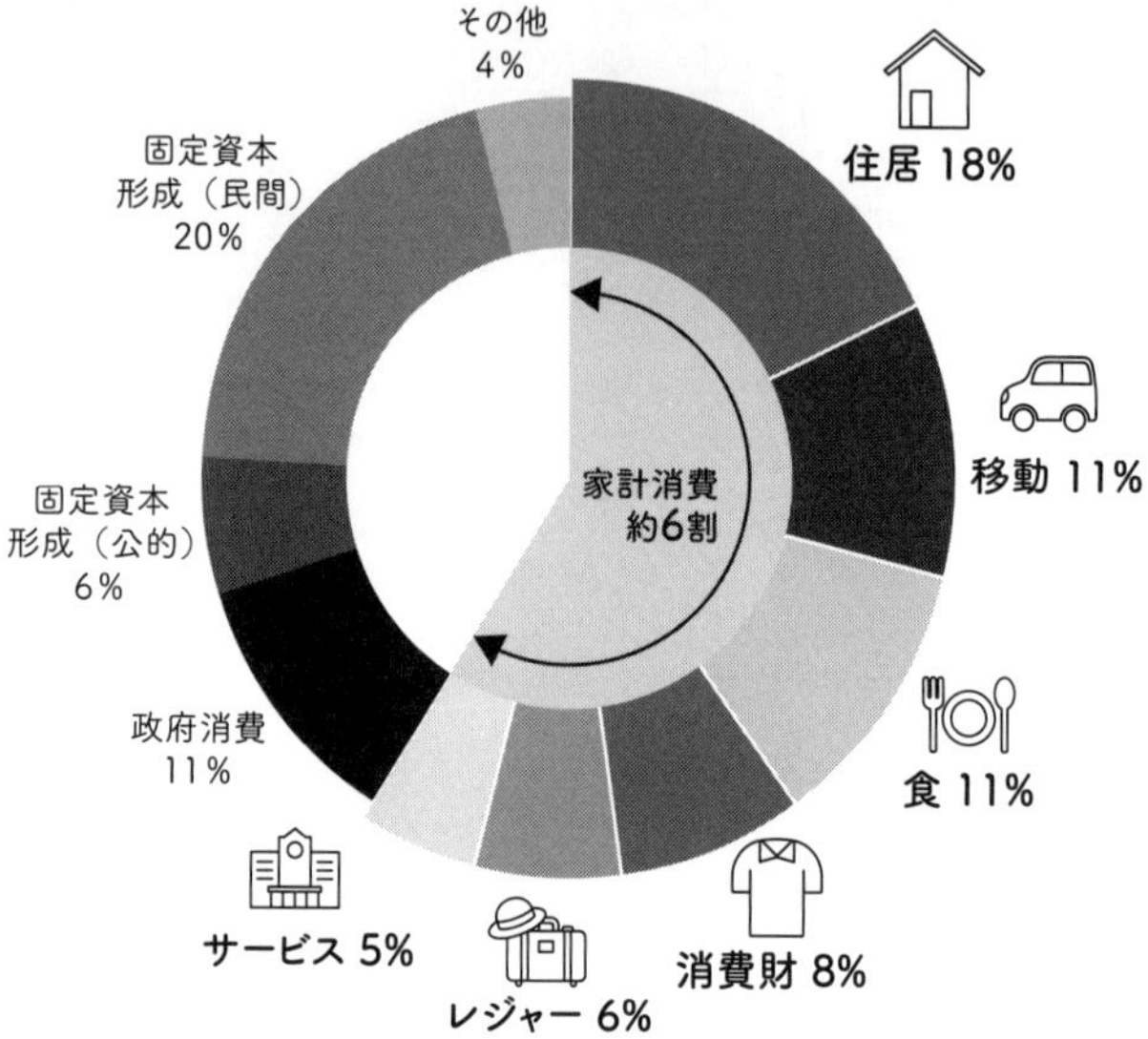

注）カーボンフットプリントとは、商品・サービスの原材料調達から廃棄・リサイクルに至るまでの間に排出される温室効果ガスをCO2に換算したもの。
出典：国立環境研究所（2021）「国内52都市における脱炭素型ライフスタイルの選択肢」

酸化炭素排出量の約60％が私たちの生活様式に関連しているからだ。

したがって、私たちが生活のあらゆる面で二酸化炭素削減を意識し、工夫し、無駄を減らしていくこと、環境への負荷が低いライフスタイルに変えていくことが脱炭素社会を実現するために必要不可欠となる。第1章で論じているように、一人一人が「私にできること」をするということが持続可能な未来を築き、脱炭素社会の実現に向けた大きなステップとなる。しかし、「できることをする」こと自体が日常とならなければならない。

資源が有限であることの認識とその活用に知恵を絞るためには、幼い頃からの教育が重要である。脱炭素と調和するライフスタイルは教育を通じて浸透する。人々は社会が持続可能となる生活様式に変えていくことが求められるが、その基盤となる世代を超えて脱炭素社会の意義を理解するための教育に力を注がなければならない。そこで、以下の提言5を行う。

〈提言5〉「脱炭素社会を目指した意識改革と教育の充実」

脱炭素社会に向けて、人間社会を持続可能にするような生活様式に切り替える必要があるが、そのために、世代を超えて脱炭素の意義を理解し実践する教育体制を整える。

これら5つの提言は、脱炭素社会に向けて私たちが心がけるべき項目を並べたに過ぎない。しかし、これら5つの提言を並べてみれば、脱炭素は技術的な問題やモノ・サービスを作る側だけの問題ではなく、私たちの生活や生き方に大きく関わっているということがわかる。次世代に生きる人たちに持続可能な社会のあり方を伝え、それをさらに未来につなげていくためにも、脱炭素社会に向けた取り組みを急がねばならない。

（本章で述べた5つの提言は、アメリカ穀物協会（２０２３）「バイオ燃料検討会報告書」で提示されたものである。報告書は以下のサイトで入手できる。https://grainsjp.org/topics/9901/）

三石　誠司（みついし・せいじ）
1960年生まれ。東京外国語大学卒業後、ＪＡ全農入会。飼料部・総合企画部・海外現地法人筆頭副社長などを経て2006年から宮城大学教授。ハーバード大でＭＢＡ、筑波大で修士（法学）、神戸大で博士（経営学）取得。農林水産省食料・農業・農村政策審議会委員、財務省関税・外国為替等審議会委員、全国大学附属農場協議会副会長などを歴任。2024年から宮城大学副学長。専門は経営戦略・アグリビジネス・食品企業経営。著書に『空飛ぶ豚と海をわたるトウモロコシ』、訳書に『ローカル・フードシステム』など。

小島　正美（こじま・まさみ）
1951年愛知県犬山市生まれ。愛知県立大学外国語学部（英米学科）卒業後、毎日新聞社入社。
松本支局を経て東京本社生活報道部で食・健康・環境問題を担当。2018年退職。東京理科大学非常勤講師、「食生活ジャーナリストの会」代表を歴任。食品安全情報ネットワーク共同代表。
著書は『メディア・バイアスの正体を明かす』（エネルギーフォーラム）、『フェイクを見抜く』（共著・ウエッジ）、『食の安全の落とし穴』（共著・女子栄養大学出版部）など多数。

■著者略歴

本間 正義（ほんま・まさよし）

1951年生まれ。帯広畜産大学卒、東京大学修士、米国アイオワ州立大学博士（Ph.D.)。東京都立大学助手、小樽商科大学助教授・教授、成蹊大学教授、東京大学教授、西南学院大学教授を経て、2022年よりアジア成長研究所特別教授。この間、国際食料政策研究所（IFPRI、ワシントンD.C.)、国連食糧農業機関（FAO、ローマ)、豪州国立大学（ANU、キャンベラ）で兼務。専門は農業経済学、経済発展論、国際貿易論。著書に『農業問題の政治経済学』、『現代日本農業の政策過程』、『農業問題：TPP後、農政はこう変わる』などがある。2010-12年日本農業経済学会会長。東京大学名誉教授。

横山 伸也（よこやま・しんや）

1974年、北海道大学大学院理学研究科化学専攻博士課程修了後、工業技術院公害資源研究所（資源環境技術総合研究所）に入所。2001年、産業技術総合研究所中国センター所長。2004年、東京大学農学生命科学研究科教授、2011年、公立鳥取環境大学教授。東京大学名誉教授。理学博士。現在、アメリカ穀物協会顧問。専門はエネルギーシステム分析、バイオマスエネルギー変換技術。主な著書に、「バイオマスエネルギー最前線」、「バイオマスエネルギー」、「図解でわかるカーボンニュートラル燃料」など。

アルコールで走《はし》る車《くるま》が地球《ちきゅう》を救《すく》う

脱炭素《だつたんそ》の救世主《きゅうせいしゅ》・バイオエタノール

印　刷　2024年9月20日
発　行　2024年10月1日

著　　者　本間正義《ほんままさよし》／横山伸也《よこやましんや》／三石誠司《みついしせいじ》／小島正美《こじままさみ》
コラム執筆　平沢裕子《ひらさわゆうこ》／中野栄子《なかのえいこ》
発 行 人　山本修司
発 行 所　毎日新聞出版
〒102-0074　東京都千代田区九段南1-6-17　千代田会館5階
営業本部　03（6265）6941
図書編集部　03（6265）6745

印刷・製本　三松堂

ISBN978-4-620-55021-3